N字操盘法

（台湾）孟弘熹 ◎著

N字理论实战与活用

- 一个风险有限，利润无限的交易系统
- 一项大赚小赔、波段操作、顺势而为的操作理念
- 一种追高低接两相宜的进出手法

广东省出版集团
广东经济出版社

图书在版编目（CIP）数据

N字操盘法／（台）孟弘熹著．— 广州：广东经济出版社，2010.2

ISBN 978 - 7 - 5454 - 0179 - 0

Ⅰ．N… Ⅱ．孟… Ⅲ．股票—证券交易—基本知识 Ⅳ．F830.91

中国版本图书馆 CIP 数据核字（2009）第 233339 号

出版发行	广东经济出版社（广州市环市东路水荫路 11 号 11~12 楼）
经销	广东新华发行集团
印刷	肇庆市端州报社印刷厂（肇庆市建设一路 2 号）
开本	787 毫米×1092 毫米　1/16
印张	14.25　4 插页
字数	155 000 字
版次	2010 年 2 月第 1 版
印次	2010 年 2 月第 1 次
印数	1~10 000 册
书号	ISBN 978 - 7 - 5454 - 0179 - 0
定价	45.00 元

如发现印装质量问题，影响阅读，请与承印厂联系调换。
邮购地址：广州市越秀中路 125 号大院八号　邮政编码：510055
广东经济出版社读者服务中心　电话：(020) 83801011　83803689
网址：www.jj1234.com
广东经济出版社常年法律顾问：屠朝锋律师、刘红丽律师
· 版权所有　翻印必究 ·

推荐序

网络科技的发展，让金融交易变得更为轻便快捷，只需按一个回车键就可完成交易，轻轻松松，不必像上班一般要赶车，忍受刮风下雨、夏暑冬寒。

但金融交易同样是残酷的，尤其前几年欧美国家的贪婪导致全球次贷风暴、股市大崩盘更让投资人领悟到，应该学习如何进行严谨正确的操作，因为这是一个投资者应该具备的单兵存活的基本知识——你也可以把交易当作一场战争，没有经过训练的士兵是无法应付战场上万变的危险情况的。

"欲练神功，必先自宫"，股市里也有能让投资者笑傲江湖的"葵花宝典"；但却不必像练"葵花宝典"那般先自残一番，这里的"宫"字，我们把它当作"在宫室中苦练"的意思。学习金融不需要自残，若是遇到挫折了，怨天怨地或者陷入自责都不是解决的办法，平心静气地坐下来，闭关专心研究上一段时间才是出路。

台湾股市已经处于成熟期，投资人经历了很多大风大浪和惊心动魄的战役，他们中的大部分都愿意好好学习操作技巧，不会乱听市场信息或使用不当的工具，能分辨出一个交易工具的好坏，所以奇狐胜券在台湾的高端软件中才能取得第一的占有率。

前 言
PREFACE

我有一个梦，梦想着股民能用技术分析在市场赚到钱。

我有一个梦，梦想着股民都能有利润与风险的概念，不再疯狂与失落。

我有一个梦，梦想着股民都能具备理性的投资思维，不再迷惘与彷徨。

回首投资的来时路，所幸遇到几位名师，让我一路走来比其他投资者更幸运——虽然也是一路颠簸，但总算是找到了可以依循的交易法则。但每次去证券公司交易大厅，就会想起当初入市时的种种迷惘与失落，因此产生了将自己多年经验与广大股民朋友共同分享，帮助他们少走弯路的念头。

六年前因缘际会通过互联网接触了国内股市，也因此有幸把台湾李进财教授独创的N字理论引进国内，让更多的中国股民可以学习咱们中国人自创又独步世界的技术分析理论。经过将近四年多的教学实践，我发觉N字理论在学习的过程中，若是有一学习套件，就能让学员自我检测学习的成果，也能让N字理论的传承有了标准答案，所以我从2007年开始开发N字理论学习套件。在开发的过程中，除了对N字理论有了更深的认同感之外，更发觉了许多前所未有的新战法与应用技巧，让N字理论得以提升到另一个台阶。

N字学习套件开发完成之后，为了能更快地推广N字理论，又继续开发了N字交易系统。因为任何的理论总觉得太过空洞，一个学员从接触N字理论到运用自如，再到能在市场赚到钱，基本要半年至一年半的时间，我一人精力有限，要想让更多股民受益，让股民立刻看到N字理论的好处，最好的方法莫过于开发一套交易系统。所幸由于N字理论的实战性与逻辑性都很强，2009年年末的第一场瑞雪前，N字交易系统得以开发完成。

我选择N字理论介绍给国人，很重要的一个因素在于N字理论全篇皆是围绕着风险利润判断而生。"风险有限而利润无限"一直就是操盘法中的关键思维，这又刚好是N字理论的特点之一，所以在介绍N字理论之前，必须先把风险利润的概念介绍清楚，接下来就要谈N字理论为什么优于其他的技术分析理论，N字理论又有哪些特点值得大家去学习。书中还用N字交易系统作为模型来介绍N字理论在实战中的各项优点，顺便提及一些N字理论在生活上的应用，让读者了解N字理论为什么可以说是能传与子孙的宝典。另外，由于N字理论应用面之广早就超越了金融操作的范畴，因此也向读者讲解了N字理论的哲学思想。最后与投资者谈一谈在投资心态上常常犯的一些毛病，以及克服这些毛病的方法，帮助投资者树立在使用一套理论或是一个完整交易系统时该有的正确心态。

最后还是要感谢恩师李进财教授创立了N字理论，也感谢恩师在百忙之中花了一年半的时间，帮助我把N字理论所有的基本定义逐字校对出来，才有今日这本书。站在巨人的肩膀上，我能做的只有继续将N字理论发扬光大，用计算机智能方式使N字理论与N字操盘法更加完善，唯有如此，才能对得起恩师的谆谆教诲。总而言之，谢天谢地谢人，感谢所有让本书能够问世的一切人与事，筑梦踏实，让我离梦想越来越近。

我有一个梦……

目　录
CONTENTS

第1章　永远把风险放在前面 ·················· 1

　　投资任何金融商品，风险都是不得不考虑的一个问题，只有将风险利润比控制在一个合理的范围之内，保护好投资的原始资产并使投资成为可持续的行为，这样的行为才能算真正的投资，否则只是赌博。

永远把风险放在前面，利润自然就来了　2
"不知者无畏"与"知者无惧"并不是一回事　7
追涨杀跌才是顺势而为　31
成为赢家的4条金科玉律　39

第2章　N字理论 ·················· 43

　　N字理论用数理科学的眼光审视了各家各派技术分析理

论，它犹如串起珍珠的项链，可以将各种技术分析理论的精华和优点联系起来，并通过独有的N字形态将这些理论阐释得更加科学、更加明白。

你是基本面分析派还是技术分析派　44

认识N字理论　47

N字理论不是圣杯，是串起珍珠的项链　53

永不止步的N字理论　57

第3章　N字理论的实战性 ………………………… 59

N字理论从N字形态最小的攻击点开始研究与观察，可以更早地确认空头力竭、多头开始攻击，或是多头力竭、空头开始反扑之处，并对未来盘态作出准确的预判。

先了解一些N字理论基本概念　60

N字理论是技术分析的基石　67

N字理论实战　77

两个有趣的事例　91

第4章　N字交易系统 ………………………………… 101

N字交易系统能智能化地辨识盘态，顺势而为，发出高胜率的买卖信号。将风险利润管控与资金管控合理、有机地联动，达到并永远保持大赚小赔，在任何盘态中均可适用，是N字交易系统的优异之处。

N字交易系统源于N字理论　102

了解N字交易系统　104

N字交易系统的实战表现　121

第5章　N字学习套件 ………………………… 143

　　N字学习套件是不含未来数据的智能化软件，它方便了N字理论的学习，并可用于学习成果的自我检测，甚至用来将N字理论的买卖点设计成为选股票指标。

第6章　N字理论的哲学思想 ………………… 155

　　中国的哲学思想是N字理论的灵魂。无论是太极八卦、甲子轮回，还是道学佛学，在其中都能找到可用于金融交易的科学理念。N字理论中处处体现出中国哲学思想的智慧光芒，并将这些智慧融入交易方法之中。

股道就是自然之道　156

在股市中如何进退　160

止跌与刹车，盘整与拔河　177

趋势也有轮回　182

第7章　浅谈交易心理 ………………………… 187

　　在投资道路上，克服人性的弱点是一项很重要的修行，树立健康的投资心态，寻找合适的交易系统并坚定地执行交易纪律，是从交易市场获利的不二法门。

结束语 …………………………………………… 201

附　录 …………………………………………… 207

第 1 章

永远把风险放在前面

永远把风险放在前面,利润自然就来了
"不知者无畏"与"知者无惧"并不是一回事
追涨杀跌才是顺势而为
成为赢家的4条金科玉律

永远把风险放在前面，利润自然就来了

谈论 N 字理论内容之前，让笔者先简单叙述一下这二十多年来金融投资的一些粗浅的心得，也因为这些心得，让笔者更加坚定地推广着 N 字理论，以期让更多的投资者早日脱离成日追逐消息和黑马股，迷惑于跌宕起伏的股市行情的境地，进而快乐地享受投资股市的乐趣并稳定获利。

在叙述这些投资心得前，先试问各位读者几个问题。

第一个问题：都说"股市有风险，入市需谨慎"，但是光有精神上的"谨慎"是不够的，你是否为此仔细地考虑过什么，做过些什么？

对绝大多数投资者来说，"股市有风险，入市需谨慎"不过是

一句听得耳朵起老茧的口号，如何谨慎很少有人认真地去想过，让他们提出可行的方案更是不可能的了。这就是大众投资者的老毛病——理想热、方法盲，每次都是口号喊得震天响，最后讲到实践的方法时，都没了对策与做法。

我们投资股市乃至于任何的金融商品，可比作投资做生意开店，都是有利润与风险的事情。就以投资一间店面为例吧，可能是一间饭馆也可能是销售商品的店铺，在开店前除了做市场调查，了解周边的人流量外，也要对店面的租金等固定开销作出精准的计算，然后才能准确地评估是否值得投资及需要拿多少钱出来投资，多久时间回收成本，等等，这方方面面都需要进行仔细的评估。主要评估什么呢？其实就是在评估风险与利润呀——风险就是将要投入的人力、物力与资金乃至时间，利润就是将来可能赚得到的钱。

在教学的过程中，我发现有一种非常奇怪的现象：很多在生意场上经营非常成功的人士，怎么一进入股市就头昏脑热，找不到北？其实投资股市与投资生意项目的原理是一样的，我甚至常开玩笑地说结婚生子也都是有利润风险的事情，人生可说是无处不包含着风险与利润，也就是无处不包含着选择与决定。就像各位现在花时间读这本书一样，可能这是本烂书，浪费了各位读者宝贵的时间与金钱，也可能其中的一句话改变了你一生的投资方向，这就是风险与利润。

我们都知道任何有风险的市场，都伴随着利润，而且投资任何金融商品的风险与利润又成正比例关系，也就是风险高的，也有着高的利润，风险低的就伴随着低报酬，重点在于如何控制好风险，赚取合理的利润。

要想战胜金融投资市场，在股市稳定获利，永远颠扑不破的方法就在于赔小赚大。

去看任何投资大师的传记也好，或是投资理念也罢，请注意，总结出来的重点一定是如何赔小赚大，换个说法就是赚就赚一个大波段，赔只赔一小段，唯有如此，才能在市场中生存下来，不能一次就输完了，以后连翻身的机会都没有。让我们来算笔账，假设刚投入股市的资金是 10 万元，亏损一半就剩下 5 万元，再要赚回原来的老本 10 万元，那可是翻番呀。去看看行情或者问问周边投资过股市的朋友，亏损一半的情况可说非常常见，但是可以翻番的投资者与行情可不多见，这也就是江恩投资法则中提醒我们的"亏损要控制在本金 10% 以内"的原因。

问题的答案就是：你需要"谨慎"的是风险，你需要做的是学会并善设"止损"与"止盈"。

我们都不是神，不过是凡人，既然是凡人，难免就会犯错，现在全世界金融界都犯了一个通病，那就是造神，总是宣传某某股神，那又如何？不就是几位常胜将军吗？这些所谓的股神都是百战百胜，永不言败的吗？都能战无不胜，永不亏损的吗？股神巴菲特生在一个辉煌又长达将近一甲子的美国盛世，所以每次抄底都赢，又抱持着长期价值型的投资观，让他在这一生的投资道路上走得很顺利，但是巴菲特先生的投资方法适应各种市场的各种人群吗？这就不一定了。再去看看投资生涯胜率约八成的江恩，在他最后总结的买卖守则中都带着"止损"这条，也就是说，即使像江恩这样的投资大师都要强调止损的重要性，更何况我们芸芸大众呢？

为什么这些投资大师要强调止损的重要呢？其原因就是市场有其不确定性，俗话说"不怕一万，就怕万一"。2008年金融风暴发生前，所有的对冲基金不都是说经过了超级计算机运算，其操作方式没有风险吗？用数学模型计算，一般风险控制的起始数据所用的几乎都是常态分布的那部分，简单地说就是参数都设为0.5，但是最可怕的情况往往发生在常态分布图的两头，那里出现的几率虽然是最小的，也就是我们所说的万一，但是一旦发生了，其后果就非常严重。

因此，在金融操作中，任何的进场点，必须先评量出风险到底有多大。简而言之，就是所谓的止损位，一出现买点，要必须立刻找出关键止损位并算出风险是多少，甚至连需要投入多少资金都必须先算出来，同时也要计算出目标位，也就是利润所在。经过这样的评估，才能考虑是否出手。这算是最初浅的评估方式，若是连这些都做不到，那就是滥赌，就是非理性的投资，甚至应该说是投机行为。很多人把正常的理财投资，例如股市、期货当作赌博，这种分类方式是非常不理性的，其实若是看过拉斯维加斯赌场那些所谓算牌的事迹与故事，就知道那种所谓的职业赌徒都是仔细评估过风险利润的。

若是没有经过风险利润评估，就算是存钱在银行，都该视为赌博。原因之一就是在国外银行会倒闭，看这次金融风暴时美国那些银行就知道银行倒闭是常态。原因之二就是所谓的资金使用效率问题，也就是经济学上所讲的机会成本。若是照着历史规律，发展中国家每年通货膨胀率该在6%左右，中国改革开放三十年来的大多数年份里，通货膨胀率都超过这标准。通货膨胀率简单地说就是钱变薄的速度，不用比较太远，看看10年前的薪水与物价跟现在的差距有多大，就知道什么是通货膨胀率了。一笔钱放在银行，每年的利息若是没有超过年通货膨胀率，就代表着钱变薄了，这就牵涉到了所谓机会成本的概念了。一笔钱若是投入股市或者其他的金融商品，就代表放弃了原来可以放在银行的稳定利息，因此放在哪家银行也该仔细去评估可能的风险与利润，若是盲目地存钱，就该视为赌博。

总而言之，不该看投资了什么样的金融商品，也不该看是否符合社会的一般标准（刚改革开放时，做生意还被看做是倒卖货品，投机倒把），应该以是否作过仔细的风险利润评估作为标准。没有经过评估的任何投资行为皆应视为赌博，经过风险利润仔细计算的就算看似赌博的行为也该视为是好的投资理财行为的前提是必须遵守国家法律。

拥有一套正确的交易方法是解决问题的出路。

一般投资者，套牢时都不怕，但是只要获利了，就开始寝食难安，如何克服这个毛病呢？那就是要严守"赚就赚一波段，到了止损点敢于认赔杀出"的操作纪律。其根本解决的方法就在于有一套完整的理论或者交易方法，一套可以让自己深信不疑的理论与操作依据，进出有据，唯有如此才能享受快乐的投资过程，进而养成赢家的心态。对未来的无知才是恐惧的根源，解决这种恐惧的方法，不是去找寻神奇的预测——既然都知道没有那种神奇预测术，但是又要参与金融投资，就该学习应变的方法，若是学会了能应对各种盘态的交易方法，何来恐惧之感呢？

N字理论和N字交易系统是当今最优秀的解决方法之一。若是能以不变之N字理论应万变之市场盘态，这就像中国古代的思想一样，掌握了宇宙的真理与大原则易经后，就能应对人世间的万般情况，这也就是古人所说的"不读易不足以为将相"的道理。有时候买卖股票又何尝不像是一大将军临阵应敌一般，需要智、仁、勇的品行，方能百战不殆。中国古代的哲学可不像戏台上的诸葛亮那样掐指神算的，而是用易经的道理看透人世间万事万物的变化规律，上下左右、内外前后都看个遍，可能的变化结果也都推导出来，想好了各种应对方案。投资股市或者任何金融商品，乃至于人生中的任何决定，如求学、结婚、就业等，都应该先做好仔细的风险利润评估，不能只靠个人一时的好恶冲动作决定，唯有如此方能做到无悔，甚至在尽人事、听天命之后，达到宠辱不惊、随遇而安的境界。

"不知者无畏"与"知者无惧"并不是一回事

通过前一个问题，知道了所有的市场都是有风险，同时也伴随着利润的，也知道最起码也该做到止损，所以就带出了第二个问题。

第二个问题：都知道要止损止盈，为什么到了关键点都不敢出手？

问题的答案：因为错误经验的累积带来的恐惧，以及无根无据的奢望。

每次买了股票后，若是跌了，一卖出止损，行情反而上涨；或是涨了一段，逢高卖了之后，股票走势还是一路不回头，再去追买回来时，刚好买在高点。这样的情形多了就会对投资者的心理产生一种负面影响，使投资者虽然知道应该止损止盈，但是到了关键点位却又不敢出手。另一个不敢止损的原因就是侥幸的心理作祟，上涨时想卖在最高价，反弹逃命时也还是希望能卖得高一点，套牢都是这样的心理造成的。熊市的特征是每一波反弹高点都低于前波反弹高点，也就是越来越低，总是期望卖在更高点只会导致越来越不愿意卖出筹码越套越深。

拥有一套正确的交易方法依旧是解决问题的出路。

要解决这个问题，就必须有一套股票理论或者操作方法。这套理论或方法能清楚明确地告诉我们止损、止盈的点位，只要坚决执行，就能避免卖出后的后悔心态，唯有如此才能培养好的操作习惯，到了止损位就敢于卖出筹码，到了止盈位也敢于卖出，若是卖错了，还能找到另一理性合理的买点再度进场，不至于错失一大段的行情；或是看到买点后，止损点位也清楚地标示出来，让操作者有着清楚的风险与利润的概念。

N字理论就能做到上述的几点。

比方说追买时，轧空低点与转折低点就是很好的止损点位，当然这只是最简单的N字理论应用在实战中的一个例证，如图1-1。

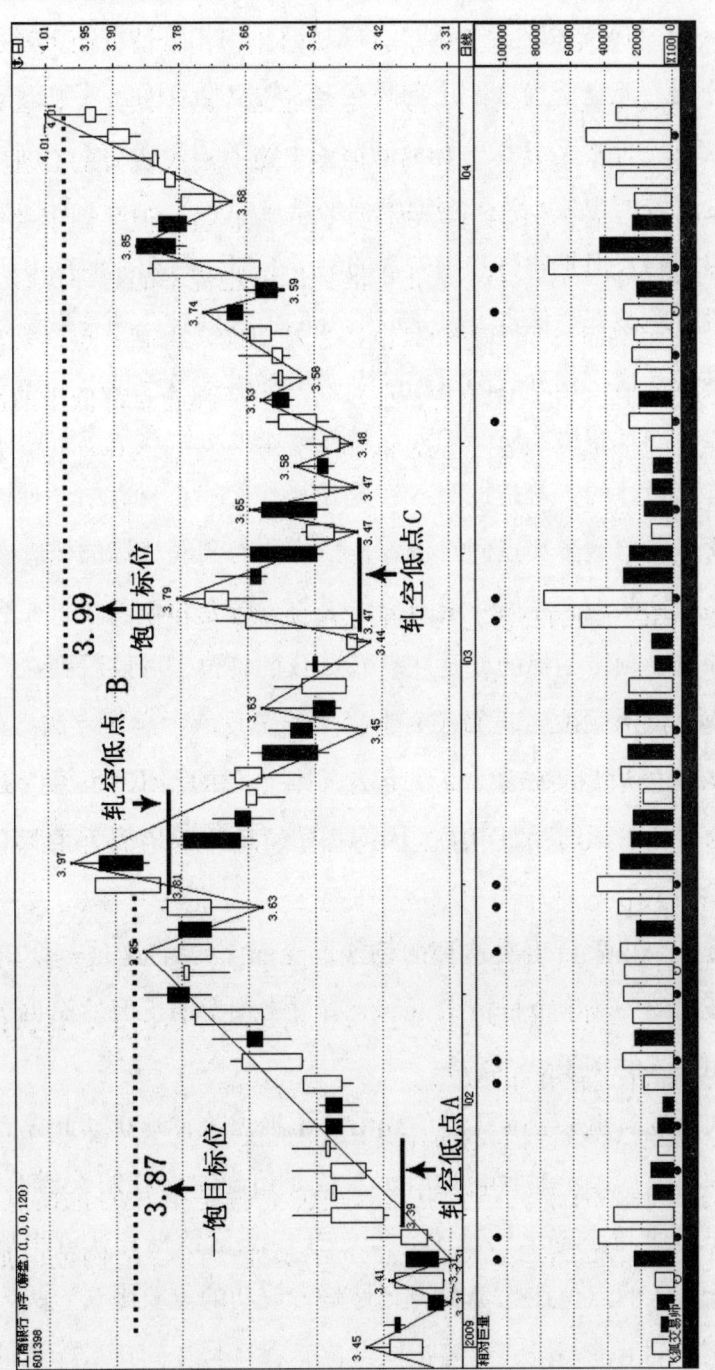

图1-1 N字理论以轧空低点为止损点位

图 1-1 中有三根轧空 K 线，每根轧空 K 线底下都有一个轧空低点，分别为轧空低点 A，轧空低点 B，轧空低点 C，其中的轧空低点 A 与轧空低点 C 在没有跌破的前提下，最后都涨到了一饱目标位，这是正常的现象。N 字理论课程都是这样教的：到了目标位就考虑卖出筹码。但是我喜欢讲失败的例子。请注意轧空低点 B 的地方，当股价跌破轧空低点，又是以低开的模式跌破，两种做法：一种方式是一开盘就找分线的反弹高点卖出筹码；另一种方式是等收盘确定后，隔日卖出。后一种方式是为普通上班族或是没时间盯盘的投资者而设计的，若是按照 N 字理论操作纪律，只有第一种操作方式。这里就暗藏了买点同时带着止损价位与利润目标的概念在里面了，关于这些理念在后续章节会作更深入的介绍，现在只要有一个印象即可。顺带一提的就是轧空低点 C 的价位，可以看到在后面的上涨前，该价位被测试了三次都没有跌破。

N 字理论所找的关键价位就是这么神奇，由此图例也可以看出 N 字理论适合中国的股票市场，因为图中所举的股票例子是工商银行（601398）。

再看一个止盈后再次追涨的例子，见图 1-2。这是一个 2005 年 6 月开始的一波牛市行情中，曾经有过中途卖出，但后面再次找到买点而买入的例子。

再次进场时也必须有买进的理由与止损点位，唯有如此才有追买的道理与依据，不是盲目地听消息或是追随着疯狂的人群而已。好的操作纪律与心态永远是源于好的操作理论依据，就进出场而言，开仓买入的点位往往是影响交易是否成功的重要因素。买入之后，若能立刻上涨一段，远离止损点位，就算是在到达目标位的中

第1章 永远把风险放在前面

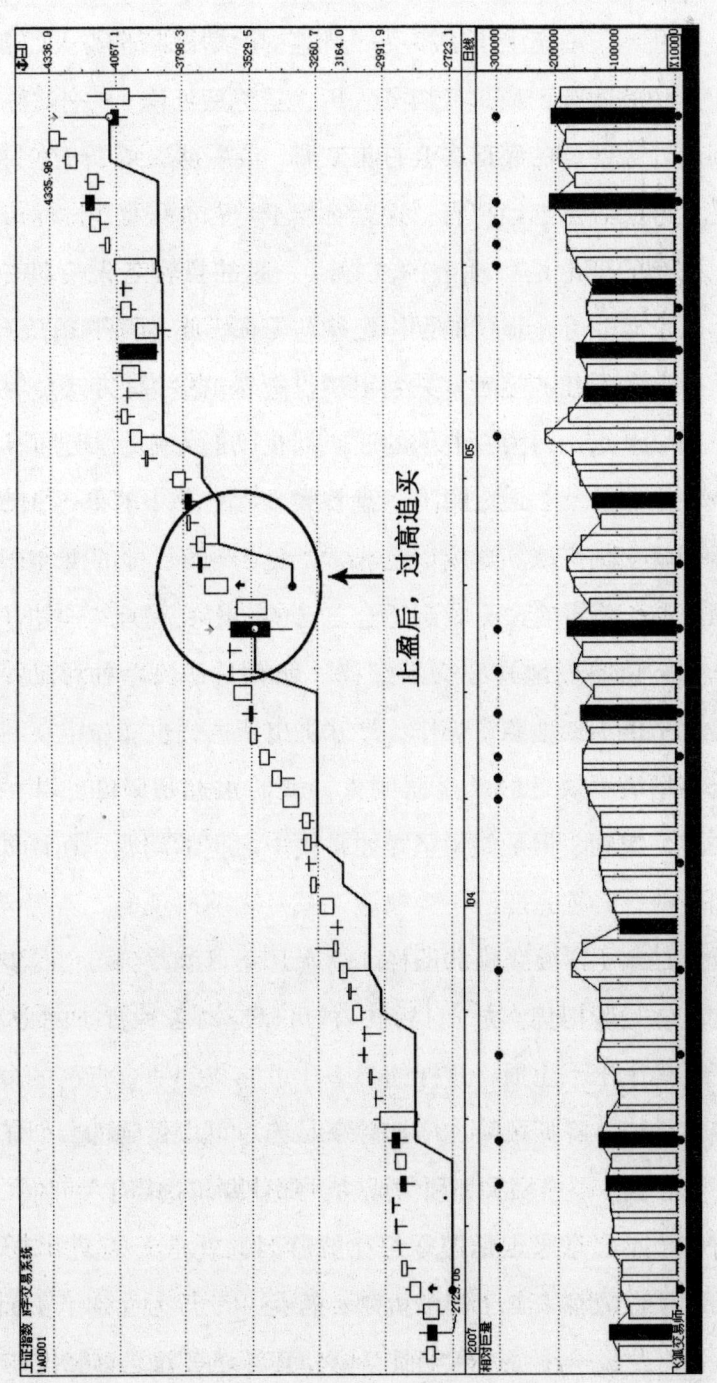

图1-2 N字理论追涨模式

途出现小幅回调，心态上也能接受。最难受的情况就是买入后竟然跌到了止损位的附近，或是低档买入后，虽然后面涨了一小段，却又很快回落。大部分的底部多会打出双脚，在打第二只脚时，是否还能保持良好的心态继续持有，这就有赖于是否有依据了。

可以信赖的理论是心理上的支撑。一般的投资者没有理论依据，买入时没有找寻止损位的操作纪律与习惯，走势只要稍微有点变化，就可能拿不住。笔者常见到很多投资者虽然买在底部，可能买入的时间早了点，因为看着别的股票都在飞速大涨，自己买入的股票只是在低档盘整，最后耐不住盘整磨难卖出手中的筹码，谁料一卖出后，就立刻飞涨。这应该是非常常见的现象，造成这些投资失败的根源在于投资者没有找到适合自己的一套交易理论与进出场的依据，并坚信不疑地遵守交易纪律。就算是最简单的移动平均线，若是能坚信不疑地照章操作，严守进出依据，也能稳定获利。

投资市场最不缺乏的就是聪明人，缺的永远是坚守纪律的赢家。方法容易找到，但是如何坚守才是重中之重的问题。在谈如何坚守的问题前，必须先厘清一个概念，就是之前所说的，若想寻找永不失败或是永不需要止损的圣杯，那永远不可能找到可以信赖的操作理论，但是若把焦点放在找寻一种可以应对各种盘态的方法，即使错了也勇于出手止损，这样的心态才可能找到适合自己的理论依据。换句话说，降低风险、增加胜率是绝对可以做到的，但若是一味要想当"神"，想每次都预测成功，那就要求过高了。

还有一个不愿意坚定地遵守纪律的原因，就是人是经验动物，好与坏的习惯养成都来自于回馈机制，若是一个行为受到了正面的鼓励，久而久之就会变成一种习惯。这里所说的正面鼓励除了荣誉与利益奖赏外，也可能是人性的另一种自残的倾向，否则怎么很多人喜欢自虐呢？亏损有时候也会变成习惯，就是因为人有自虐甚至拿悲伤向人炫耀的心理，其实这道理很简单，看看多少婆婆、妈妈天天跟街坊邻居诉苦，数落着家里每个人都不好，其实想的只是让邻居认同她的辛劳与不易，其原因在于家人都忽略了做母亲的辛劳，没人愿意说句好听的话语或是安慰母亲，因为这些婆婆们、妈妈们也都需要别人的认同与肯定，就只好采此下策，把数落家人当作是一种习惯。很多投资者也犯这毛病，一直讲述着自己亏损的经验，甚至以此为荣，久而久之就把亏损变成一种习惯。同样的，如果自己所依循的操作纪律与方法连续几次都带来失败的结果，过后当然不敢相信了。

一个好的、可以让人信赖的股票理论或者操作法则，必须要有可以让人信赖的战法与理论依据，简单地说就是跌破某一关键点位时，止损后，不至于立刻就上涨；或是到了正确的卖出点位卖出后，不至于一路涨不停，连再次追买的机会都没有。然后针对每一种盘态都有相应的、合理的进出依据，风险利润清清楚楚，资金控管合理严谨，每次亏损都控制在总资金的3%以内，唯有如此的理论，才能让学习者愿意坚信，乐于遵守。如果是些模糊不清、似是而非的操作步骤或者招式，或是没有风险利润计算规划，只有单独买卖点的进出方法，止损一次就元气大伤的交易方法，投资者当然不敢遵循。但如果能让使用者在几次实战经验中获得良好的反馈经验，简单地说就是赚到钱了，这样的交易方法投资者当然愿意继续遵守。

另外需要注意的一点就是，实战能赚到钱的理论与好看的理论差距很大，乍看好像差不多，其实实际应用时就知道那可是完全不同的两回事。例如众所周知的波浪理论，事后分析非常到位，确实是非常好的理论，若是不知道其应用的方法与操作依据，只是在那里瞎数浪，那可能会导致把一个止损位设在一个浪的底部，只要止损一次就去掉资金的一大半，若是这样，谁还敢用波浪理论操作，最后都把波浪理论看做是预测术，或是干脆把波浪理论视为事后诸葛亮。这样去看待波浪理论，也算是糟蹋了它的实战性。所以，一是要正确地了解一种理论与操作方法及该理论或方法的适用范围与盘态，二要反复地检验。可以在用真金白银下单前，先做仿真单，当自己能应用自如了，再使用该理论进场实际地买卖股票。仿真单与实际下单也存在着一定的差距，个人的心态是决定性因素。下没有涉及金钱盈亏的仿真单，往往能非常自若，看盘毫不受心态的影响，但是等到真的开始下单时，许多人就开始思前想后。这也是能确信与灵活应用某一操作方法或理论前必须克服的一道关卡。

当找到了一个适合的交易方法或理论，又经过了反复的验证与实际操作后，就必须像那些机械式程序交易者所提倡的，剩下来的就是几近乎毫无主观感情地去遵守纪律，严格执行。

该出手时不出手的根本原因在于妄念，也就是对未来还在想着更好的结果或是更有利于自己的盘态。例如，该止损时，还在想行情走势可能会弹得高一点，等更好的价钱再卖出，每次被套牢者不都是源于这种想法吗，连续两次反弹高点都不愿卖出筹码，最后就是深套。克服这种妄念的方法就是要有良好的反馈经验，知道即使亏损卖出，如果后面大涨起来，还是有机会买回来，不至于踏空一个波段行情，这样，投资者就会愿意遵守操作纪律。

请先接受一个非常重要的概念，那就是把亏损当作是操作的一部分，唯有如此，才能舍弃妄念，坚信自己的操作理念，严守操作纪律。有时，要求太过完美也是一种错误的投资心态及让自己不能果断下单的障碍，所以在金融市场投资的道路中，要把合理的止损当作是操作的一部分。愿赌服输可能是投资者必须先接受的一种理念，但重点是要知道自己为什么输，是否止损止盈在合理的价位上。为什么很多投资者无法自己总结出一套实战中适用的法则，很大的原因在于取舍。有人可能看到趋势的操作法很好，但总觉得最后那一段没赚到好像很可惜，就放弃了趋势的操作方式；抑或是看到短进短出、板块轮动的操作模式非常诱人，却又觉得这样的方式容易踏空一大段波段行情，左右为难。这些当然是因为缺乏中心思想所造成的，更重要的在于任何方法都有其弱点，取舍之间就在于如何扬长避短，然后将几种方法有机地结合，这样才能总结出一套适合于实战的战法。前文所解说的 N 字理论中的追涨战法就是一个例子，当然也是因为 N 字理论有其中心思想，一般投资者也可以参考这样的做法，经由取舍后，找出适合于自己的操作依据。

止损就是一种避免错误无限放大的一种方式，有了好的止损依据，就应在该止损时勇于出手，若是该断不断，往往都是反受其乱。人世间一些大麻烦的起因就是一些鸡毛蒜皮的小事。由于没有及时处理好，结果形成了一种趋势力量，就如滚雪球一般，越滚越大，最终造成无法收拾的局面。若是为了一笔套牢的交易，不只影响投资理财资金的利用率，更重要的是影响了投资的心态，其祸害可能远远超过账面上的损失，与其如此，宁可杀错而不可以随便放过任何一只已经跌破止损或止盈价位的股票。由于世事无绝对，万事皆有可能，所以更需要将止损当作最后的保险与防护盾。众人皆知，开源节流才是累积财富的不二法门，就如四书中的《大学》所提到的聚财之方"生之者众，食之者寡；为之者疾，用之者舒；则财恒足矣"一样的道理，在金融市场中赚取利润就是开源，就是"生之者众"；止损就是节流，就是应该保持"食之者寡"。说得更通俗一点就是每次盈利都是一大波段，每次止损都严格控制在合理范围内，不致伤筋动骨，财富的蓄积才会越来越快。

止损容易，其实止盈更是学问之所在。止损不过是忍受亏损，但是止盈需要抵抗诱惑的信心与勇气，这也就是为什么有人亏损套牢时可以一直抱着，赚了一点蝇头小利就坐立难安的原因了，因为人最怕得而复失。台湾股市也有俗谚称：买股票没师父，会卖股票才是师父。能把股票卖在合理利润的点位是一门学问。有一种投资者找买点相当有方法，找到的买点也相当合理，但就是不会卖。我常会建议这样的投资者把图形反转过来。现在一般的股票软件都能做到这点。图1-3（a）和图1-3（b）就是一个反转分析的例子。

图1-3（a）为正图，图1-3（b）为经过股票软件改变的同一时刻的反图。若在图1-3（a）中不会找卖点，只会找买点，那么将其反转为图1-3（b），也就是把卖点当作另一种买点来找，将不失为一种好方法。例如图1-3（a）是上证指数2007年10月出现6124的高点后再次反弹的高点，也就是逃命点，如果有读者只会找买点不会找卖点，那么将该图形反转成图1-3（b），在图1-3（b）中的箭头刚好是第二只脚，这只脚就是个买点，但是请记住这是反图，所以就是卖点。图1-3（a）与图1-3（b）所标

第1章 永远把风险放在前面

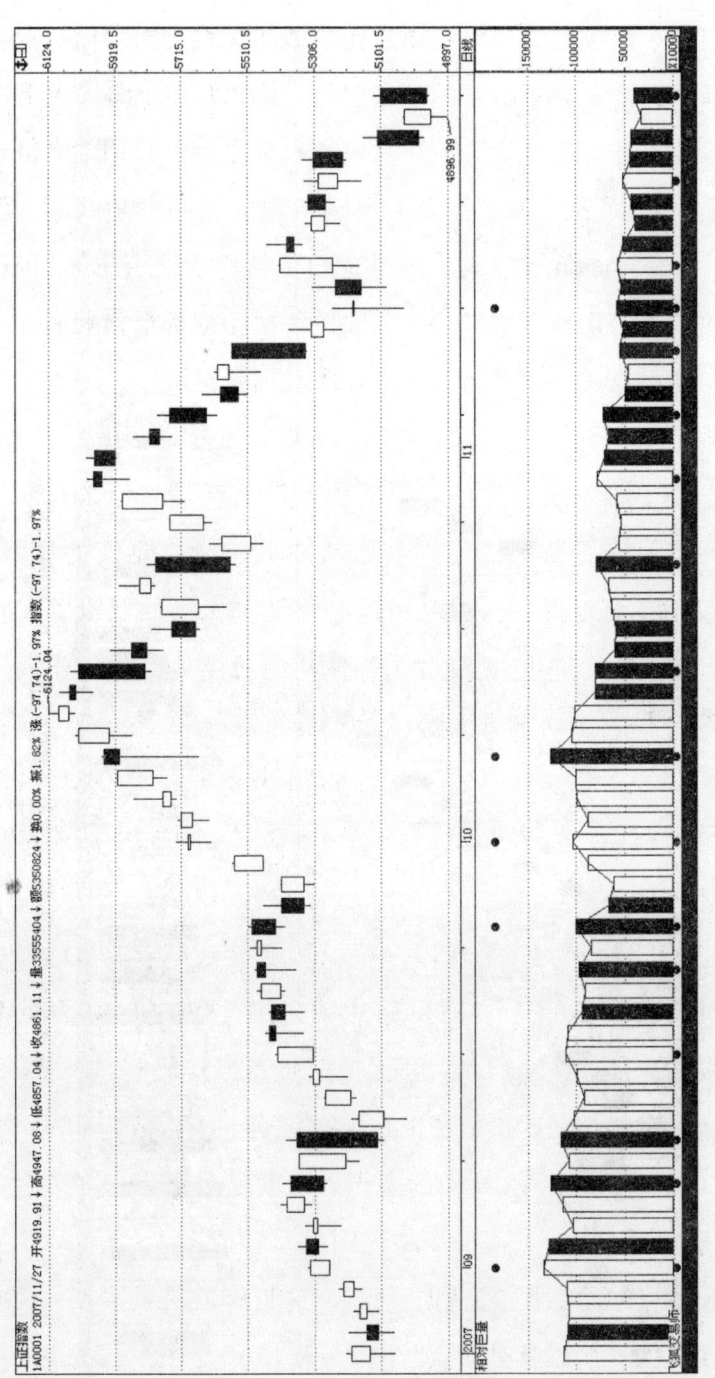

图1-3（a） 上证指数6124点高点处的正图

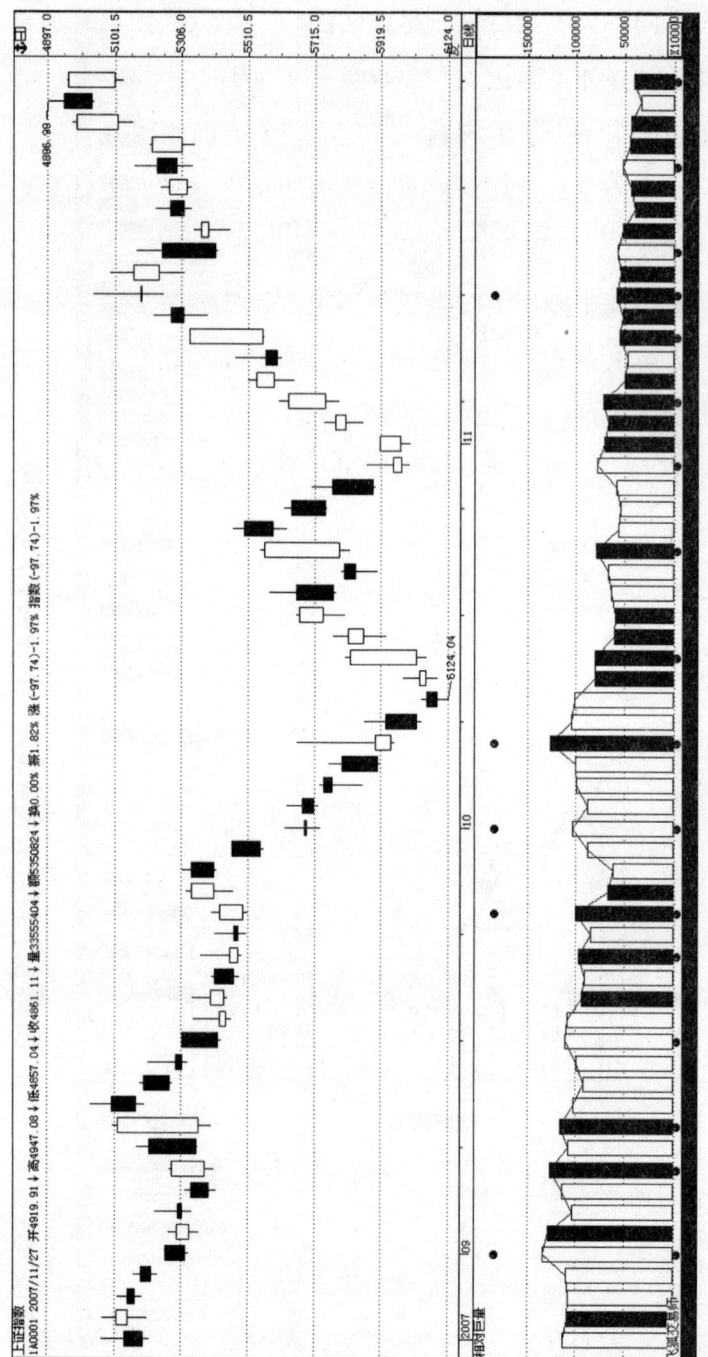

图1-3（b） 上证指数6124点高点处的反图

示的箭头是同一天,当然这只是方便法门,等以后市场开放融资融券时,各位就该知道卖出点与放空点其实是不一样的。

关于只会买不会卖的问题,主要有两个方面原因。

第一,因为不知道如何去制定合理的利润点位,也就是适宜的卖出点。

利润点位属于操作的技术分析层次,简单的解决方法之一就是去看一般有关K线形态学的书籍,书里都会提到最基本的目标测量方法,也就是:任何形态的突破都至少涨1倍。

如图1-4,这是最简单的目标测量法,目标到了就卖出;或是在到了目标位后再观察上升趋势是否已经改变,若已改变才卖出筹码,若是上升势头不变,可以继续抱牢,这是解决技术层面的方法。

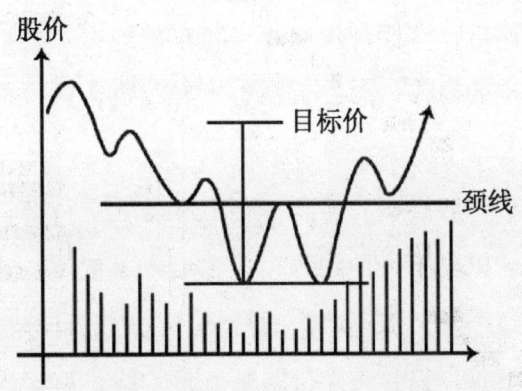

图1-4 形态突破后的量测目标

第二,投资者总是在等待更高价点位卖出。

许多投资者心存贪念,永远想卖在最高点,总是想着最好就是卖了之后立刻大跌。其实历史或是波段的高点与低点都是测试出来的，谁也无法预测。投资者唯一的工作就是站在自己信任的技术分析或基本面分析的基础上，照章操作，该卖时就卖出，赚取自己合理的利润。就算卖了后行情继续上涨，除非经过详细的评估，还有再追回来的必要才再次出手。若是觉得做头的几率大于继续上涨的几率，就留些最后的甜头给别人吧，别老想着吃干摸尽，在高位追进可要承担更大的风险。

就 N 字理论而言，处理方式是在现有价位之下寻找一个合理的止盈价位作为波段趋势止盈的依据，跌破止盈价位就立刻出场；另一种就是在现有价位之上找到更高的目标价位，采取高卖的策略。所以还是要找到自己可以信赖的操作方法与依据。每次波段行情的头部，市场氛围一般都是最火爆的，所有股评人与投资机构一律看多，目标点是越设越高，好像生怕喊低了会遭人耻笑，交易大厅也是人头攒动，连自行车棚都没有停自行车的地方。要抵挡那样的诱惑，除非有坚定的操作信念，否则也不好苛责一般投资者非理性的盲从行为。

既然提到了一般投资者遇到一路上涨的轧空行情，不知该卖在何处的问题，这里提出一种趋势止盈法给大家参考。非常简单，就是以后如果遇到一路上涨不回头的行情，就用五日移动平均线当作止盈线，一路跟着，只要收盘价跌破五日均线，就卖出筹码，若是一路上涨就一路抱着，这就是最简单的趋势止盈法。每天的股票的最高价与五日移动平均线之间的差距就是风险，其实就当作是自己现阶段持有的成本，心里面就想着这段利润当作没了。这么做是为什么呢？当然是为了持续抱牢股票，以赚取后面更丰厚的利润，如

图1-5。

一般股民在自己所持的股票一路上涨时可以说是最难受的，卖了怕继续上涨，不卖又天天担心自己好不容易所赚的利润没了，可说是整天惶惶不可终日。有了这种趋势止盈的简单操作依据，每天只要打开股票软件看看五日移动平均线是否已被跌破，收盘价跌破了就卖出，没跌破就继续抱着，既简单也省心。

我们接下来谈谈操作纪律。什么样叫做合格的操作纪律？简单地说，就算是明明知道亏损也要按照买卖信号操作。这样听起来好像有些矛盾，其实不然，买卖股票虽说是为了赚钱，最差的情况就是亏损了，若是真的信赖一套交易工具或者操作方法与理论，就算是与直觉或者与常识相违背，也要按照原有的交易工具或者操作方法理性地去操作。许多操作的方法与工具不是不好，而是没有被彻底地实施与应用。好的理论应该都是经过市场检验过的，但是人就是太过聪明，总觉得有时候可以按照自己的意愿去下单，这样做也许可以避开止损，但并非次次都灵。操作的关键在于持之以恒。我认可有时候人的灵感或是直觉会对行情有一定的预判性，有人说是自己的盘感，图形看多了，很多人会有这样的盘感，但若是没有形成体系，只是偶尔准，不具备长期的稳定性，那最好还是相信有理论依据、又经过实战检验过的操作方法为好。既然是规矩与纪律，那就必须严格遵守，不能因为偶尔一两次的侥幸，任意变动操作规范。以澳门或拉斯维加斯那些赌场为例，为什么赌场都是坐庄的赢，除了玩牌的规则使坐庄者多了一两个百分比的胜率优势外，更重要的是牌桌上的庄家其实是相对被动的，下注的玩家大多数是靠直觉与个人好恶去下注，毫无章法，再加上人性的贪婪与情绪波

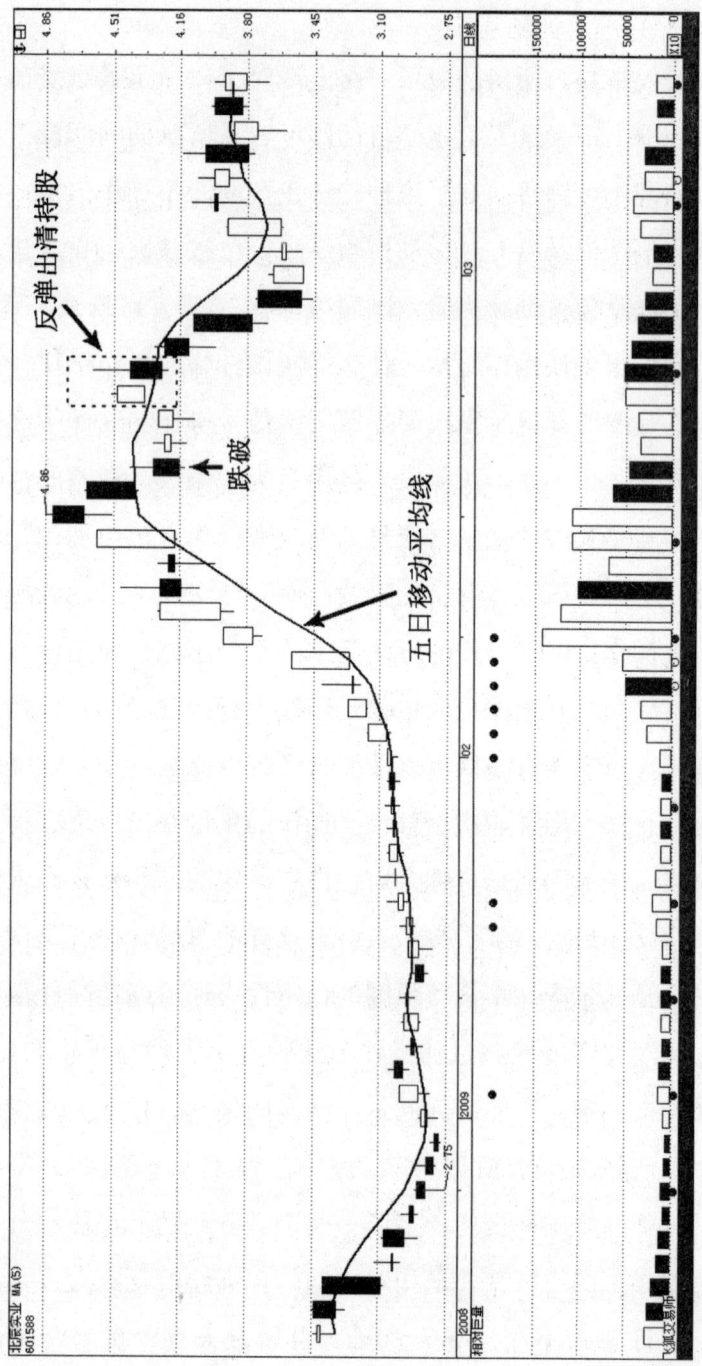

图1-5 五日均线趋势止盈法

动，输自然是难免的结局了。

  一个移动的猎人要去瞄准一个移动的目标，难度是不是大于一个固定的狙击手去瞄准一个移动的标靶？投资股票也是如此，行情就像是一个起伏不定的标靶，人心或是操作模式也是移动的，除非两者的节奏刚好一致了，那就会出现盈利；但如果常常是变动的操作方法，随自己喜好去盲目下单进出场，就像是乱枪打鸟一样，长久下来，怎么可能稳定盈利？所以还是要照着自己认可的操作依据进行交易，就算是有时候违反自己的感受，也要像机械式程序交易要求的那样冷酷，坚决地执行交易指令，要知道为什么市场总是二八法则，也就意味着真正的赢家心态与操作方法其实大多是违反人性最自然反应的。我在教学的过程中，考察新学员的一个重要的标准不在于交易的成绩，一是看新学员分析的思路是否正确清晰；二就是看新学员下单的纪律，是否在不该出手时盲目出手，即使当时的交易是赚钱的，仍被视为不及格。若是照着 N 字理论的思路与进出点操作，即使有点亏损，笔者也认为是对的，因为新学员如果还是照着以往的习惯去下单，跟没学过 N 字理论的投资者有何差别？更何况只要依照 N 字理论的操盘术进出股市，这种稳定获利的结果是经过各种市场验证过的。所以新学员要先养成好的习惯与操作纪律，几次下来后才能对 N 字理论有更深的体会与信赖。我们最终要的是长期的稳定收益，不是靠一时运气得来的暴利，这就是操作纪律重要的原因所在。

  说到底，操作纪律来自于信心。在行情的头部即将反转之际，所有人热血沸腾之时，能勇于退出市场卖出筹码，保持空仓静待下次出手机会；在所有人不再谈及股票的低迷底部，乐于买进股票，等待后市大涨的行情。这些凭借的就是对自己分析判断的信心。唯有能自己独立思考的人，才可能在股票市场中赚到该赚的利润，而且能够稳定地持续获利。

　　胆怯来自于没有自信，恐惧则来自于无知。人会对一些事物或者某种情况胆怯，多来自于没有自信，无所倚靠。就像小孩害怕黑暗一样，面对一条漆黑的巷道，小孩不知道该怎么应对，如果有照明工具或是知道漆黑的巷道中什么也没有，自然就不会害怕。同样的，许多人都是被数学老师吓大的，只要说是数学题目，就算是简单的四则运算，加减乘除都会先吓得说不知道，那是因为对自己处理数学问题的能力已经完全失去信心了。由于无知造成没有自信的现象就更多了，就以投资股市而言，刚入市时都是满腔热血，但是基本上都不具备投资理财的基本知识，先开了交易账户再说，然后听到谁买了什么股票，就盲目地跟进。失败是必然的结果。等到第一次亏损后，就开始对投资股市有了害怕的心理，不论是买入股票还是止损止盈时卖出股票。为什么每次下单前会犹豫？就是因为恐惧。恐惧由何而来？就是因为对未来的无知，就像小孩面对黑暗的巷道一样，对自己下单的依据没有信心。

　　其实对未来谁都是无知的，解决这个问题的方法不是去寻找神奇的预测术，那永远不会有太好的结果。虽然我们对未来是无知的，但是我们可以对未来作出可能性的研判，在事前就拟订好应变的方案，这绝对是可行的。对自己下单的依据如果没有信心，那就更应该找出一套适合自己的交易法则或者理论依据。

　　当接触到一种新的交易法则或者交易系统，最先要做的就是去检验，验证理论的可操作性、交易法则的获利率等，然后再考量是否适合自己的个性与操作习性。唯有如此反复检验，才能让自己下单时的犹豫的情况得到切实的解决。

　　知识会产生力量，那是来自于对自己一再反复练习后的自信。经过各种盘态试验过的成功率极高的方法或者操盘术，当然能增强下单的信心。就我自己而言，当然也会遇到对行情迷惑或者心理状态低落的时候，每当这种时候，就是以往成功经验与对自己的交易法则有着坚实信心并发挥功效的时候，尤其是在几乎全部投资者与股评分析师一致看多的头部或者一致看空的底部时候。如果没有这些自信，怎么会有独立思考与作出判断的勇气？我一再强调的是不要想去当神，想去当先知，搞什么神奇的预测，投资股市除了要看得对，最重要的还是做得对。与其花费大量精力去搞预测，不如老老实实地把高胜率的交易法则搞透了，然后严格地遵守操作纪律，这才是在股市保持常胜的可行之道。

　　由于许多投资者常会被些常见的走势迷惑住，不敢采取本来可以用非常单纯的方法去应变的盘态，所以接下来用一种容易迷惑的走势与盘态为例子，讲解若是日后遇到这种盘态走势时该如何应对的方法，以期读者在日后遇到这种关键点与盘态时敢于出手买卖股票。

　　如图1-6，这种走势其实非常单纯。一般向我咨询股票看法者，不论是网友学员还是亲朋好友，在头部高点时，我多会建议减仓或者清空筹码。遇到最多的情况是当跌破图1-6中粗线所代表的颈线位或者关键价位时，一般投资者就开始紧张了，因为之前没听从我的建议在高位卖出筹码，此时一般都会再来询问。此时我会建议趁着反弹卖出筹码，即在图1-6反弹逃命的区间出货。但是

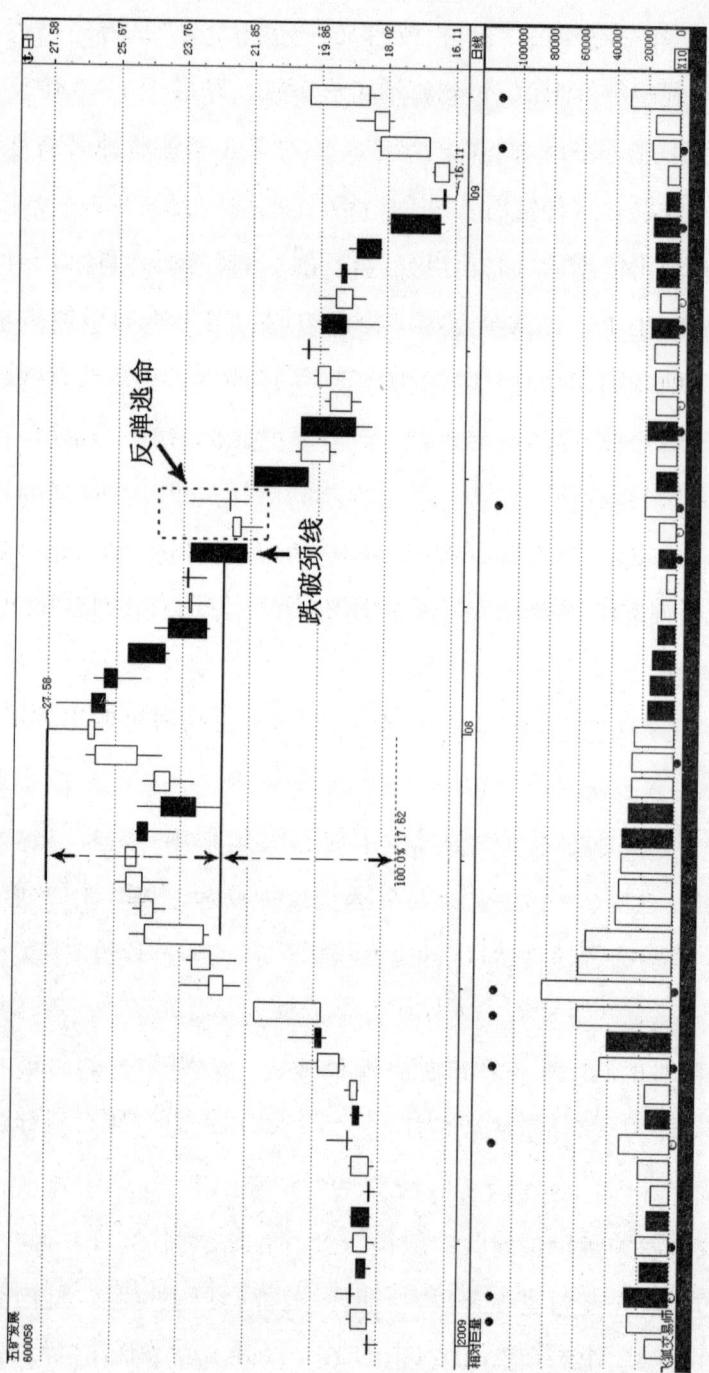

图1-6 跌破颈线与反弹逃命

一旦到了反弹的高点时，一般投资者又开始想着："是否还会再创新高呢？再观望等等吧。"等到行情再次下跌，跌破图1-6中反弹低点时，就形成一路追杀下跌的盘态，此时又非常慌张地来咨询该怎样操作该股票。这种情况几乎是年年发生。其实我的每一个建议背后都是有理论依据的，之所以在高位建议出清筹码，肯定当时风险高了而利润小了，也就是上涨的空间有限，但下跌的可能大增。这种走势之前必定伴随着一波大涨或急涨的行情，当第一次跌破颈线或重要止损止盈线时，就意味着头部已经出现了套牢的情况，之后就算是有反弹过前高，也必定先要有波解套的走势，所以随后任何的反弹，不论是否过前高都该先卖出筹码，就算接下来发生如图1-2中的那种卖出持股后又继续上攻的情况，也还有相对应的再去追高的战法。

图1-7（a）与图1-7（b）比较了两种追高后可能出现的情况。

2009年7月深圳成分指数跌破了趋势止盈线后，出现了再次过前高的情况，图1-7（a）显示的就是过前高后再追买回来的做法。图1-7（a）中显示出，只要成功一次就是一大段的获利。但是投资者要注意并坚守一个大原则，那就是每次不管在何时、何处下单，都要把止损位先设好，使损失的风险一直保持在合理的可控范围内，只要是获利就是赚一大段，才可能有过了前高而再次追买的理由。

在买点出现时就设好止损价位，并严格遵守操作纪律，就不用去猜测未来行情如何，反正就是按照操作纪律操作即可，这样的操作方法绝不会让投资者踏空一段大的上涨行情，那又有什么好害怕

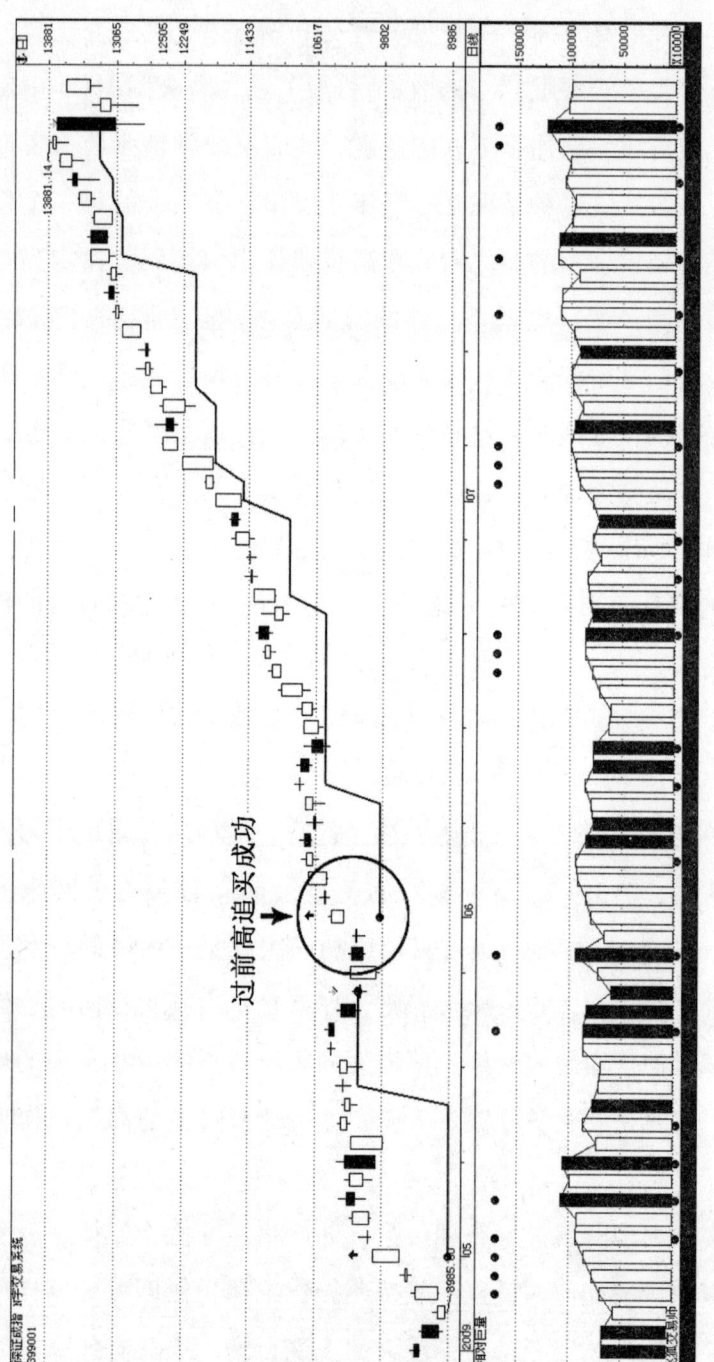

图1-7（a） 过前高追买成功

第 1 章　永远把风险放在前面

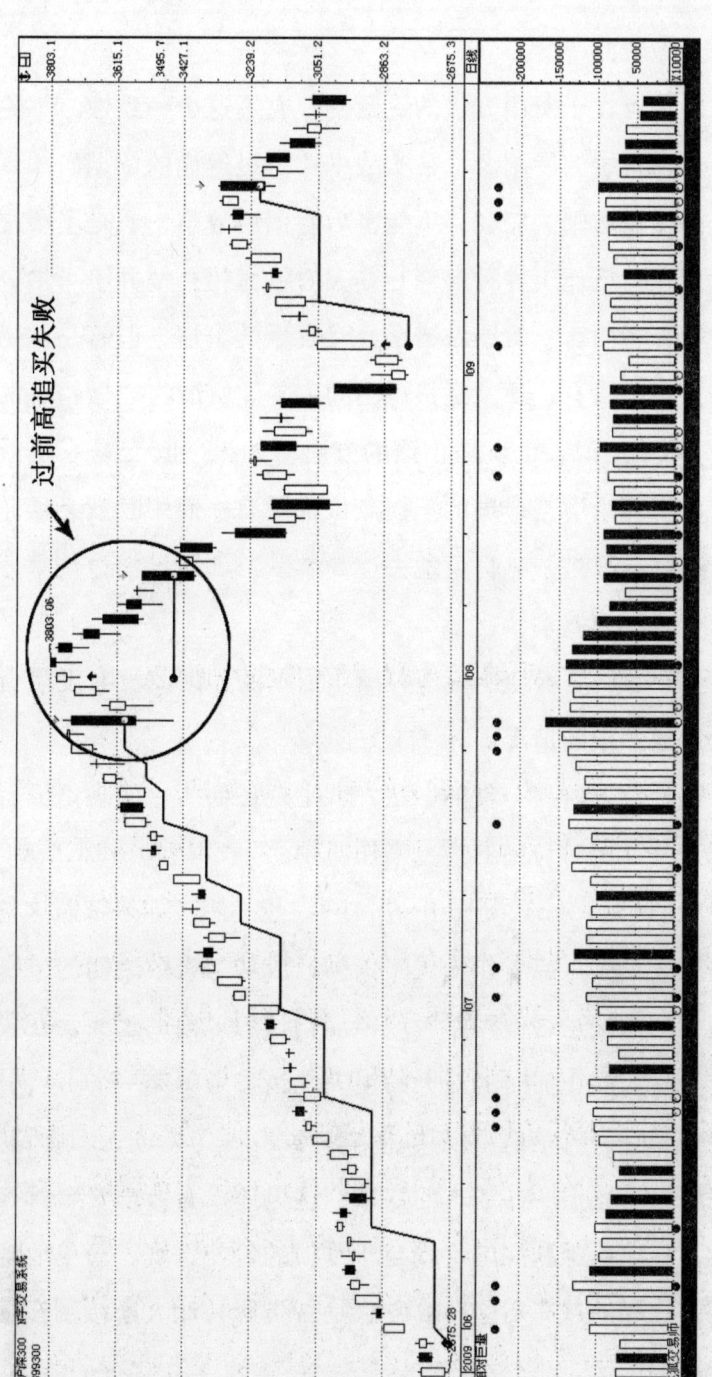

图1-7（b）　过前高追买失败

的呢？照着做就好了。

操作的重点在于所用方法的一致性，有了这个一致性，不论是理论还是交易系统的使用者，在实战中才有可遵循的依据，才真的是用不变的操盘法则去应变。不能事后看图说故事，或是屡屡提出但书，然后在盘后作出种种解释。其实看错做错行情并不可怕，何况对一般投资者而言，看错做错是经常发生的事情，但若是做错时连应变的方案都没有，那就是很可怕的事了。所谓的"做错了的应变方案"，简单地说，也就是止损的方法。如果一套交易系统或者一种技术分析理论中连合理的止损点位都没有，使用时就必须非常小心其合理性，只是一味盲目地去追高杀跌，那跟没学过技术分析的一般投资者有何差别？

图1-7（a）显示的追买是有操作依据的，因此没有发生盲目追高杀低造成亏损的情况。

我还是秉持着以往一贯的做法，就是把任何所讲的理论或者交易依据，自己拿出对与错的情况来作比较。

请比较图1-7（a）与图1-7（b），想一想：如果依照这种简单的追高战法去操盘或者作为买卖依据，成功与失败之间的差别在哪里？这样的做法是否值得参考或依循？试想过前高追买，在买错的情况下，所需要止损时的最大的损失［请参考图1-7（b）］，各位是否能接受？但若是追高成功［请参考图1-7（a）］，其所获得的回报是否大于止损所需成本的数倍？这里还没有考虑资金管控的影响因素，只以所赚利润的价差与所亏损的价差直观、简单地观察这两张图，这样的过高后追高的方法是否更容易让大家接受？读者可以自己斟酌。

要接受一个与以往不同的概念，当然要先把所有的可能性都罗列出来，仔细评估一下如果使用该方法，成功时能赚取多少利润，该怎样扩大战果，失败了最多能损失多少，该如何处理后续的情况。如此有理有据，才能让投资者在使用这些方法时更加安心。以后也请读者按照这种思路去检验与学习任何一种进出场的法则，这是风险利润比的另一层面的应用。

追涨杀跌才是顺势而为

通过第一个问题我们得知了风险与利润的概念，也知道了该设立合理的止损止盈点，再经过第二问题的讨论我们知道了找到一个好的操作依据与理论能让我们舍弃妄想、猜测，实际、严格地遵守操作纪律。

既然已经接受"止损"这种保本的概念，那接下来就要讨论风险与利润中的利润部分，也就是在股市中如何操作才能获利。

第三个问题：什么才是股市获利的正道？

答案是：追涨杀跌是正道。

你相信吗？

答案毫无疑问是正确的。

错误的是诸多投资者对"追涨杀跌"的误解和错用。

经过各种投资大师总结出来的结论是：唯有追涨杀跌才能掌握波段利润。也就是上述的赔小赚大的方法。

追涨杀跌的做法既然是顺势而为的做单方式，为什么许多书籍与所谓的股市专家都提到追涨杀跌是投资的大忌讳，甚至说追涨杀跌是投资者亏损的原因所在呢？真相是：一般投资者的追涨杀跌之所以会失败，原因是把追涨杀跌用错了地方，简单点说就是在头部去追涨，在底部去杀跌。

行情一路涨到已经到了牛市的尽头了，人家都到家了，你还追呀？再追就成"烈士"了。

相反，行情已经跌无可跌了，还有"杀"的必要吗？再"杀"那就是自杀了。

一般投资者实在是忍不住了才卖出筹码，一卖出刚好卖在所谓行情的"地板"，卖出后立刻起涨，这样不理智的追涨杀跌当然会造成投资的亏损。这种"地板"行情的例子之一，就是我在前一本拙著《技术分析指标详解》中所提到的"三重滤网"中月线、周线、日线的KD值都已经进入超卖区20以下了。

如图1-8（a）、图1-8（b）、图1-8（c）所显示出来的，当日线进入超卖区时，月线、周线其实早已领先一步进入超卖区KD值20以下了。

这里请注意：不是看到日线也进入超卖区就赶紧低接抢进，而是必须等待日线有了止跌信号，然后又出现向上攻击的买入信号时才能买进。这点必须认清，千万不要盲目地只要看到月线、周线、日线跌入超卖区就抢进股票。这也就是很多投资者在KD指标处于超卖区20以下低档钝化时买进股票，仍然亏损的原因。

任何好的方法都有其适用的前提，中国股市经过这十几年，许多投资者也都自己按照自己的经验总结出许多"绝招"，有时候灵

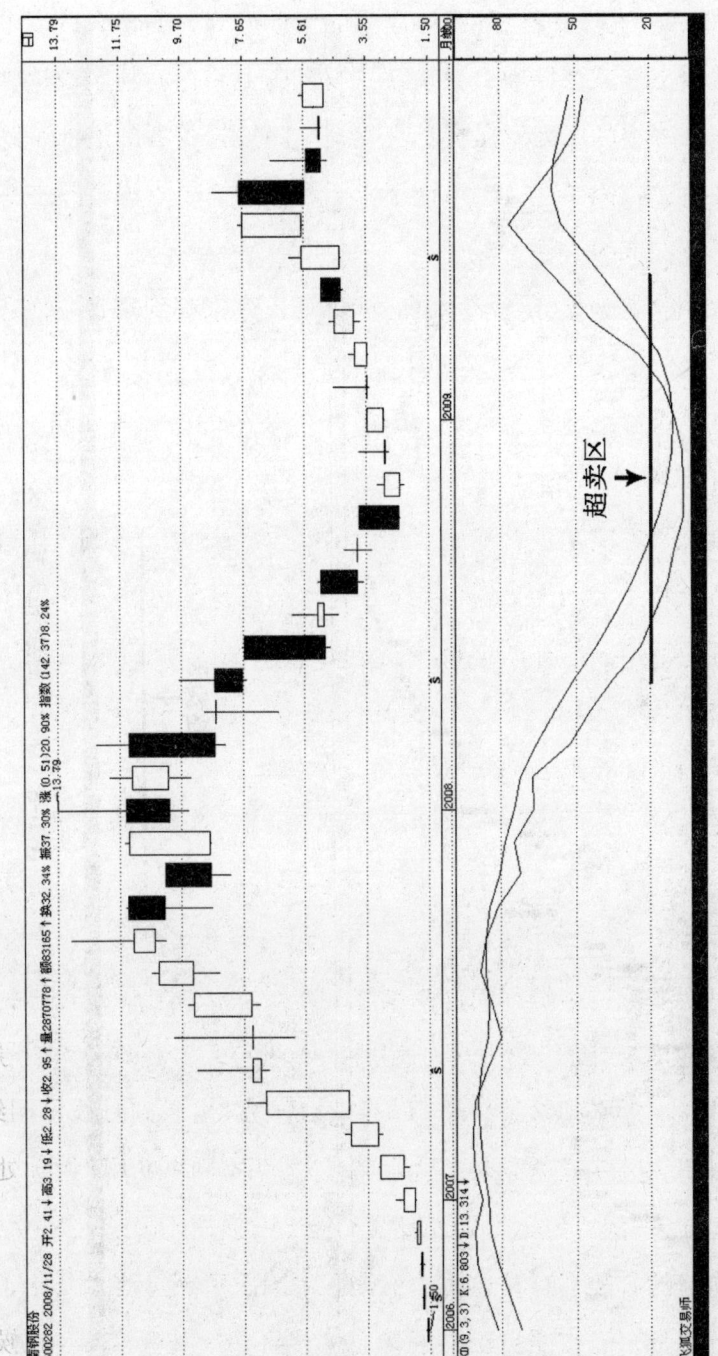

图1-8（a） 月线进入超卖区

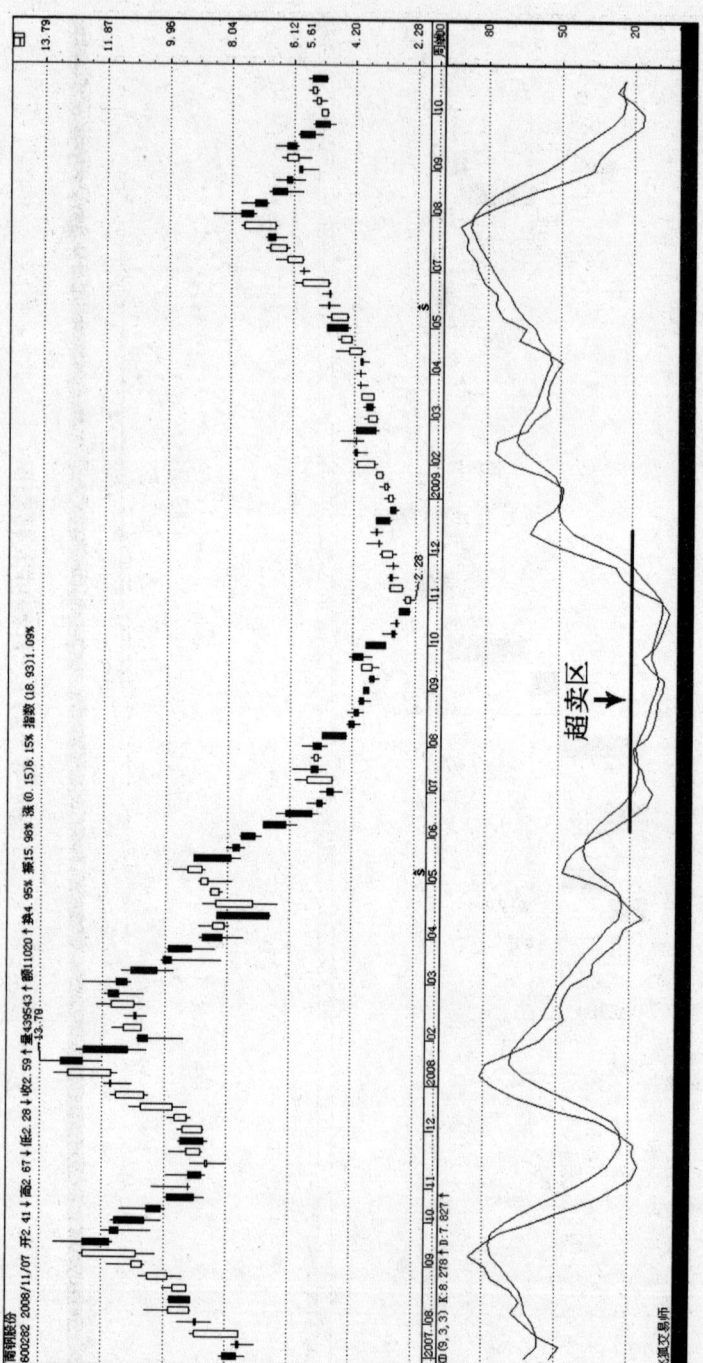

图1-8（b） 周线进入超卖区

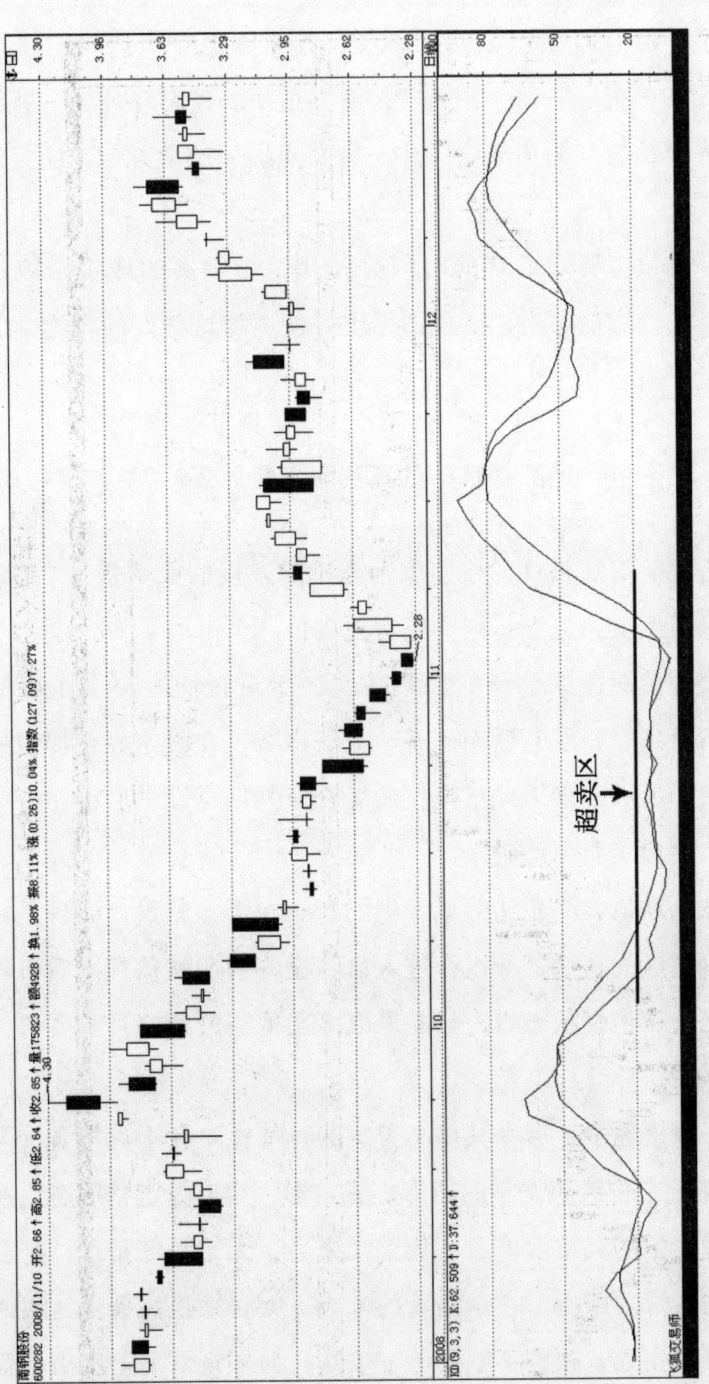

图1-8（c） 日线进入超卖区

得不得了，但有时候怎么使都不灵，其原因也在于忽略了该"绝招"使用的前提——每一招其实都有其适用的盘态与环境。就像本书后文将提及的"酒田战法"中一些买点适用的地方与该注意的事项一样。

再好的刀也要知道该何时何处使用，否则真的成了杀鸡用牛刀，自己使的方法不对，还怪刀子不好使，那这些好的理论与方法就真蒙上不白之冤了！

N字理论中"追涨杀跌"的真实含义是什么？

我所说的追涨杀跌，按照恩师李进财教授的原话是："杀跌是因为还有更低价，追涨是因为还有更高价。"

要合理使用追涨杀跌的原则，就在于对行情有一个正确的研判。分析研判后，发觉后面还有一大段涨势，在设定好止损位的前提下，敢于追涨；如果经过理性的综合研判后，发觉后市还有一大段跌势，要勇于卖出筹码。

追涨杀跌最容易犯错造成亏损的盘态在于盘整盘，而且是错在刚进入盘整盘的初期，所以在进入盘整盘的初期就预判出后市将要或是可能进入盘整状态时，只能采取高卖低买的策略，不要再追杀得不亦乐乎。

对于投资老手，会令其提高警觉的行情也是在于盘整盘，因为不管是从传统K线形态学的旗形、三角形、矩形等盘整形态，还是从波浪理论中的调整浪来看，盘整结束后，无论是涨是跌，都会有一波大的行情。所以，在盘整盘的末端，就必须提高警惕，买入股票就该严设止损，跌破了就要勇于杀跌；如果行情向上突破了盘整区的压力，就要勇于追涨。

追涨的理由自然是期望抓住突破后的一大段上涨行情。这里又牵涉到另一个问题，就是许多人提出的所谓"真假突破判定的法则"。

真假突破涉及的可能是两次亏损的交易——假设是向上突破，突破后买入，然后又跌破原来的被突破的压力线，触发止损卖出（如果有放空机制，可能还需要反手放空）。

所以，一般对于真假突破的处理法则大致分为两种：一种是百分比过滤法；另一种是突破后保持在压力线之上多少根K线是真突破。

关于这点，我不赞成用百分比过滤方式。

一般认为向上真突破必须超过压力区多少百分比才可以被认为真突破，这种方法在实战中容易让投资者麻痹。例如：假设以5%作界线，到了6%后又回跌了呢？这会让使用这种操作法则的投资者无所适从。

至于第二种向上突破后保持在压力线之上多少根K线视为真突破，跌破支撑后多少根K线保持在支撑线之下视为真跌破的做法，难度在于：一是需要多少根K线来确认，这很难界定；二是很多时候突破或跌破后基本不停留在原压力线或支撑线附近，若是遇到这种轧空或追杀的盘态，又该在哪一点位出手？比较好的方式就是在突破或跌破压力位（支撑位）当时那根K线中找出一个可以依循的点位，如果向上突破就不能再跌破该点位，一跌破该止损位就立刻卖出筹码。同理，如果跌破形态的支撑位抛出筹码后，行情又出现买点，也要勇于再次把筹码买回来。

追涨是因为后面的利润相对而言较一般行情来得大，止损点又刚好设在很近的一个点位，也就是风险控制在非常小的范围之内，这就能达到赔小赚大的目的。如果每次都能保持止损都是一点点，每次获利都是一大段，长久下来，当然可以稳定获利。

先忽略成功概率与资金管控的因素，只是单纯地看风险利润比：如果操作的资金固定且每次都保持风险是1，利润是3，假设操作四次，赢一次获利是3，输三次亏损是3，也就是操作四次只要赢一次，基本是打平的。如果再配合综合研判、资金管控及提高进场点胜率，稳定地获利绝对不是梦。这才是实战的操作理念。

追涨杀跌操作模式的实质内涵在于"顺势而为"。大家都知道，在股市投资应该顺势而为，追涨杀跌就是顺势的做法。一般投资技巧中有两种做法：一种是逆势做法，跌的时候买入，涨的时候卖出，这要看在行情走势的哪一阶段，还要搭配相应的操作技巧才能更好地处理这种逆势下单的方法。另一种就是顺势的做法。追涨杀跌不正是顺势而为最好的操作法则吗？追买在已经打完底部要开始起涨处，杀跌在头部形成即将下跌的起跌点，这不是投资者梦寐以求的战法吗？

N字理论的操盘法分析步骤就是先找出趋势的方向与趋势的发动点，由最小的攻击形态N字力道的发挥正常与否，决定后续的盘态走势，再凭借许多关键点位判断出一个趋势的力道是衰竭还是还在持续，步步为营，观察每根新发生的K线，然后采取相应的招式应对。虽然N字操作法包含了一些逆势下单的方法，但其中心做法还是顺势而为，就算是逆势下单也还是遵循大周期看多的长线保护短线的思维模式，最后配合上趋势的止盈步步跟随。只要趋势没有力竭的迹象，就持续抱牢筹码直到跌破趋势止盈点位，趋势一反转就立刻出清筹码。这就是在股票市场中，N字理论操盘法能洞烛先机、随机应变的最高体现。

当然，顺势而为的重点还是要严设止损位，这样才能更加完善追涨杀跌的操作依据，真正达到大赚小赔的目标。

成为赢家的4条金科玉律

现在，我们可以总结一下一个投资者应该具备哪些基本的操作素质与涵养，才能晋身赢家行列。

一、严控风险利润比

经过上面的讨论，大家应该了解风险与利润对投资的重要性。要注意时刻将风险放在前面，利润放在后面。

现阶段股市还没有融资融券与股指期货等信用扩张的投资工具，中国股市又处于青春期，就算股票被套个几年，还有解套的可能。等到日后中国股市日渐成熟，买在高档的股票可能一辈子都没有翻身解套的机会，去看看欧美股市、日本股市、中国香港股市、中国台湾股市这些发展多年并已经成熟的股市就知道这种情况非常常见。以后融资融券与股指期货肯定会推出，信用扩张的操作模式需要付出利息，也就是如果融资买入股票，除了股票价差的损失，多被套一天就要多付一天的利息。

正是鉴于台湾股市所经历的许多血泪教训，才驱使着我回来讲解些有用的技术分析以及提倡风险利润比的概念。只要是看过或经历过股市崩盘的投资者都会了解事件背后包含了多少人、多少家庭的辛酸血泪，所以在股市投资时，一定要把风险放在前面作为最重要的评估因素。每一笔交易前，放弃感情等主观因素，理性客观地去评估所要投资股票的风险与利润，考虑清楚是否值得投资，然后严守纪律，宁可买不到，也不能违背经过风险利润比研判后定下的操作计划。

俗话说："小心驶得万年船。"长久稳定地获利才是投资股市的目的，不能让一两次的投资造成本钱严重亏损，使得自己连弥补或翻本的机会都没有，那才是最大的悲哀。风险严控好了，利润自然就会产生。别梦想着一夜暴富，先让自己立于不败之地，"留得青山在，不怕没柴烧"，保住你的资金，你才有机会一步步迈向成功。

二、找到一个自己可以深信不疑的操作依据或者理论

在实战中，行情随时在跳动，就像在波涛起伏的大海中航行一般，如果没有可以依据的指南针，怎么能让自己坚信方向是正确的？怎么能在众人各有看法或是信息爆炸的时代中，冷静地面对盘面，在该出手时就出手？所以，不管喜欢用基本面还是技术面乃至于喜欢听小道消息买卖股票，只要是能稳定获利的方法，都是好方法，重点在于自己要找到一个可以长期、稳定获利，自己验证过后又深信不疑的操盘方法。

我喜欢独自研究，享受独立思考的投资乐趣。当然也有人只要结果，就是要赚钱，其他一概不管，这种选择也不是不可以。但即使是要追随某些所谓的股神或者专家的推荐与股评，也要严格控制好风险与利润比。任何的股评家可能只是比一般股民多些经验与专业知识而已，投资者听股评家的话赚钱了也不会分给股评家，股评家说错了，最多也只是挨顿臭骂，可是投资者就必须付出真金白银

的血汗钱。所以自己的资金自己负责，"愿赌服输"是投资者进入股市时必须接受的第一堂课。

三、资金控管

有了好的进出场依据，也有了风险利润比的概念后，就该把进出场点与风险利润比当作两种参数，与资金管控作一更好的联动管理。也就是说，对进出场点与风险利润比进行评估后，把这两样参数放到使用资金量多寡的考量因素里，风险大的时候降低仓位，风险小的时候加大仓位，永远严守"每次的亏损在总资金量的一定比例之下"的原则，别被市场氛围破坏了自己的投资步骤与计划。不要因为非常看好后市行情就盲目地加仓，可能偶尔会是对的，但只要看错一次，总资金的亏损可能就会影响后面的操作绩效，或者影响自己的心态，那就真的是得不偿失了。

四、保持良好的心态

股市是个人修行的好道场，投资理财是一个永无止境的自我提升过程，每次的错误都是以后宝贵的经验。

止损不可怕，可怕的是没有依据的止损，只要是符合自己的操作依据与资金管控原则，止损就该视为投资理财过程中的一部分，而且每次的亏损都应该自我总结出来一些经验，输也要输得明白。

这些总结与弄清楚自己错误的原因还是要回归到第二点，就是找到一套符合自己的交易依据。有了好的交易依据才可以培养良好的操作纪律与操作心态。在金钱游戏中，人还是要大气点，不要让一两次小的亏损就影响了心情，只要找到能稳定获利的方法，偶尔的小亏损就当是非常自然的事情。我在刚开始进入股市时常逼着自己忘掉进场买入股票的价位，因为常发现该获利出场或是止损出场时，买入价位常让我犹豫不决，错失了好的卖点，所以最后干脆把进场点忘了，只以现在的线图与盘面去分析：后面接下来是涨的机会多还是跌的机会大？是不是到了空头已经获胜的点位，之后可能要跌一大段？若得到的分析答案是如此，管他当初在哪一点位建仓的，需要卖出筹码时也毫不犹豫。

如果已经找到一套能让自己深信不疑的操作法则，又时时刻刻能把风险利润比当作参数与资金管控管理好，最后投资者要做的就是作正面思考，想象着明天永远会更好。有了前面的那些个人素质后，梦想就不再是梦想，可以筑梦踏实，不但能享受投资理财的乐趣，更有金钱实质上的回报。

请读者务必把这几点放在心上，这些都是投资理财安身立命之本，同时，也是 N 字理论所推崇并坚守的理念。

第 ② 章

N 字理论

你是基本面分析派还是技术分析派

认识 N 字理论

N 字理论不是圣杯,是串起珍珠的项链

永不止步的 N 字理论

你是基本面分析派还是技术分析派

分析金融市场的趋势，一般分为两大主流派别：一个是侧重经济数据与经济学领域研究的基本面分析派，另一个则是侧重市场交易数据的技术分析派。两者皆有其擅长之处，也有其短处。

基本面分析的长处是：无论是对总体经济还是微观的个体经济，对于发掘未来潜力股与经济大趋势有其独到之处，但对精准的买卖交易策略与交易方法就显得薄弱了些。尤其是最近几年，大家一直鼓吹着股神巴菲特价值投资的投资神话，值得提醒大家注意的是，这要看巴菲特投资生涯中所经历的时代背景。就像第一章所说的，学习任何人的行为或者理论，必须把来龙去脉搞清楚，才知道是否符合现在的我们所用。巴菲特非常幸运地经历了经济史上少见的长期多头市场——美国经历了1929年的经济大萧条后，第二次世界大战解决了当时的通货膨胀问题，在"二战"后美国经济成为全世界的领头羊，几次经济衰退都靠着科技与创新扭转颓势。所以巴菲特每次抄底都很成功，重要的地方在于其所选择的是与民生关系密切的吉利刮胡刀与可口可乐，一个是男人每天要用的，一个是大众乃至全世界的饮料，所以巴菲特取得了惊人的投资报酬。回头看看自己现在所处的环境，中国即将继美国之后，成为世界上无论是经济还是军事的龙头力量，股市当然会有许多股票值得进行价值投资并长期持有。请注意，若是买在3000点以下，选择市盈率合理的股票长期持有，说是价值投资还有点道理，但是若买在2007年年底的6000多点，然后一路抱着，说是价值投资，那就太过于牵强了。巴菲特也会随着行情调节持股比例，而不是一味地傻抱着。还有一个重要的环境因素，那就是美国股市的股票只要上市公司赚钱，每年会正常地转派发，国内股市却有许多上市公司不论赚钱赔钱，可以长达十年不进行转派发，这可就要考虑资金的机会成本了。因此，要学习巴菲特的价值投资，一是要看合理的市盈率；二是要看整体大环境是否能持续走多头市场；三是当发现行情可能波动太大时，也要减少持仓量；四是要买在相对的低点。这才是所谓价值投资者该做的。只是一味地傻抱着筹码，不管已经处于波段高点了还继续买进股票，等行情重挫被套牢后，就用价值投资安慰自己，不只对大资金是不适合的，对于本来就该提高资金使用率、以低买高卖赚取差价为主的一般股民，更是不合时宜的做法。

即使习惯使用基本面分析、以观察经济数据为主的投资者，也要把数字背后所隐含的会对股市产生影响的结果给看透了。在行情不同的阶段，同一个经济数据的解释可能会不同，例如，在一路上涨的牛市里面，任何不好的经济数据都可解释为利空出尽，小回档后大盘继续上攻；若是在熊市或者盘整市里面，偏好的经济数据也可以解释为利好出尽，大盘继续下跌或是盘整。一个经济数据包含多重经济上的意义，只看数据而不深究其中各个组成因素，当然容易被数据的表面所迷惑。最简单的例子就是常见的GDP国内生产总值，这是影响一个国家股市的重要经济数据之一，可是一般投资者没有去细思该数据的影响因素其实包含了几个层面：一是居民消费；二是企业投资；三是政府采购与政府支出；四是净出口值等。所以，GDP数据上升，就该去细看到底是政府公共设施的投资增加所导致的，还是净出口值让GDP数据上升，抑或因为过年过节的因素造成居民消费增加使得GDP数据上升？每一种影响因素所对应的股票都不相同，怎么能只看GDP数据就去判断股票市场该如何反应呢？又例如，另一个影响股市资金面非常重要的因素——货币供应量M1、M2，中央银行会采取控制利率或是用公开市场操作等方式让资金回笼或者释放资金，以达到调控经济的目的，所以每次央行这些动作也意味着政策是倾向于强烈还是温和，这对股市所造成的影响也都不一样。所以，即使是研究基本面的投资者，也该看清楚各种影响股市的这些经济面因素背后的含义。

技术分析派的强项在于找寻买卖点及制定交易策略，缺点在于容易流于看图说故事，发生闭门造车的情况，常常容易忽略实体经济的走势。

正确看待这两种分析派别的态度与方式之后，投资者应该取长补短，相互验证，才能在投资的过程中取得较好的成绩。习惯于基本面分析的投资者，应该对已知或是将要发生的影响股票基本面的因素，从控盘者的角度去思考。假设出台了一个经济数据，就要思考一下控盘者将会如何利用这一经济数据影响盘面走势，同时配合着技术分析方法去验证。同样的，习惯于使用技术分析为工具的投资者，也应该常常关心一下影响股票的一些经济数据与分析，才不致整日陷入线图中找不到北。

我虽然推广技术分析派的一些理论，但平时也会注意这些基本面的消息与数据，两者相辅相成，犹如双脚行走，多一种分析工具，所得出来的结论与制定的操作策略便多一分完善、多一分保障。

认识 N 字理论

广为人知的任何有关金融股票方面的技术分析理论，不论是擅长于占星术的江恩所创立的江恩理论还是记者出身的道琼斯在看过许多图表后所发表的道琼斯理论，在学习这些技术分析理论时最好能先知道这些开创者成长与学习的背景，唯有如此才能掌握一种理论的精华与重点，否则就只是照本宣科而已。

学习任何学问或理论，当然先从模仿开始，但是要学到其精髓就必须先知道整个理论的来龙去脉，也就是开创者与开拓者的学习经历，这样才能知其然，也知其所以然。了解了一个理论的来龙去脉，才能站在既有理论的基础之上，把所学的理论发扬光大，应用自如，否则就会像国画大师齐白石老先生所说的"学我者生，似我者死"。齐老这句话里的"学"就是学其精神，学其精髓；"似"就是一味地模仿抄袭。

学如逆水行舟，不进则退。这种现象若是用N字理论来解释，就是该攻击的时候没有攻击，那就只有一条衰退的道路，这也如同宝塔线变黑变白的理论一样。如图2-1中所显示的，一路上涨的走势中，原来宝塔线处于白色K线时，必定是多头的力道先衰退（图中白色宝塔线的长度变短了），才给了空头的机会，也才能够让宝塔翻黑，也就是多头该攻击时不攻击，才造成趋势的扭转，这是一种"不进则退"。

一种理论必须持续地进步，与时俱进才能适应时代潮流。股票理论也是如此，进步是永无止境的，理论是需要与时俱进、时时进步的。

既然提到N字理论，就必须先讲述一下N字理论的开创者李进财教授的学养背景与其开创N字理论的过程。

用N字形式解释股票波动规律者，在我所看过的书籍与资料中，大概在道琼斯理论之后已有书籍提及过，这很像艾略特在发表波浪理论之后，就有人用Z字形态去解释波浪理论是一样的。N字理论其实不算是什么新的表述图形波动的方法，但是在二三十年前的台湾股市里，在大学任教的数学教授李进财，在炒股与研究股票期货波动性的过程中，由于其本身对数字的敏感性（据李教授自己讲，在五十岁之前，八位数字的加减乘除心算就能算出来），基于本身数学的功底再综合当时中国台湾与来自中国香港、日本、美国等国家与地区各家K线理论的学说，总结出来一套用N字形态作为基础，包含着量能概念的K线理论，这就是N字理论最初的来源。

N字理论的开创者李进财教授是一名数学根基非常强的学者。

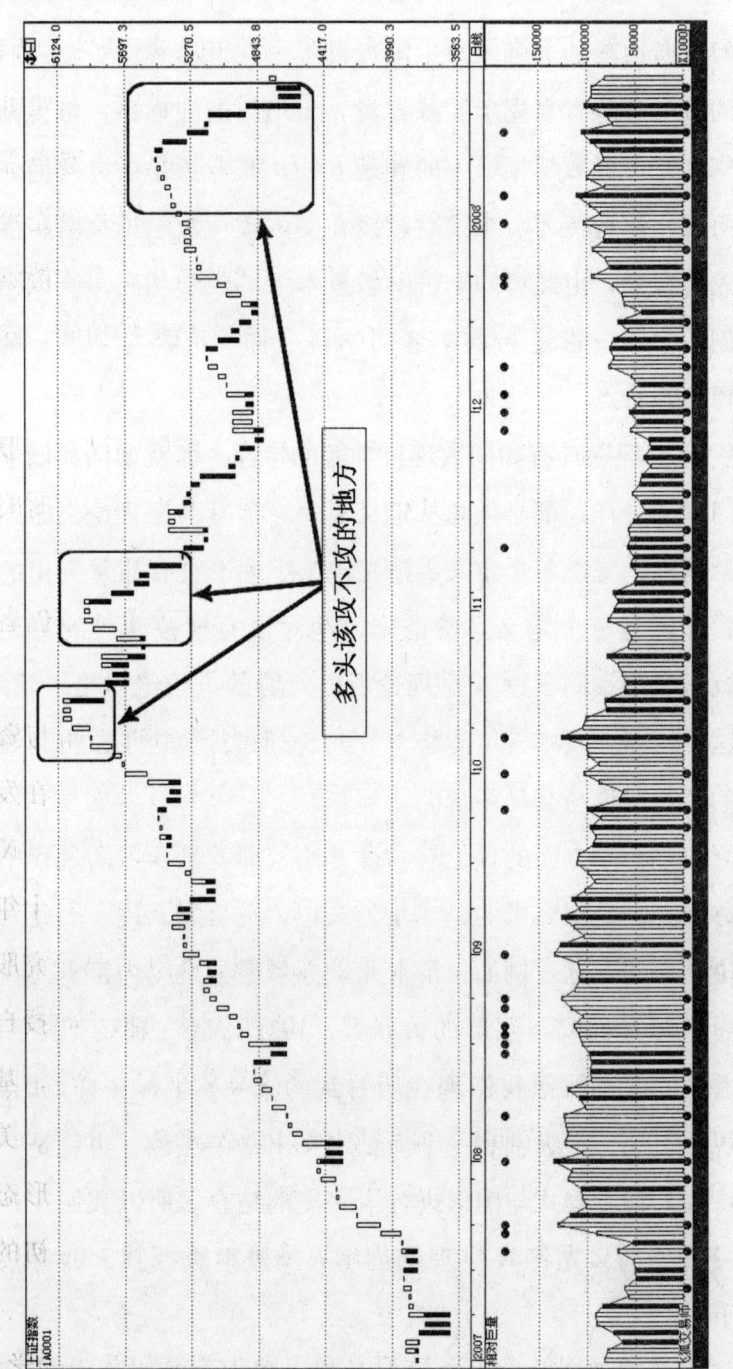

图2-1 宝塔翻黑，多头自悔而后人悔之，多头该改不改之处

李进财教授所追随的老师就是中国近百年来在世界数学史上占有一席地位的数学家陈省身先生。陈省身先生祖籍浙江嘉兴，可说是近百年来华人在世界数学领域中的翘楚人物，其专长是微分几何，晚年回归祖国，作育英才。李进财教授在美国攻写数学论文时，深受陈省身先生喜爱，由此可知李进财教授本人的数学功底，所以由李教授开创的学说，肯定与数学这门学科一样，符合科学性、精准性、逻辑性等特点。

既然N字理论具有如同数理科学般的特性，那就如同我们学习任何一门科学一样，都必须先从定义下手。学习N字理论也必须秉持这样的精神，先把各个定义弄清楚。N字理论具有非常突出的一个特点，那就是每个定义非常清晰，绝对没有模棱两可的情况发生，也就是说当我们学过N字理论后，所看的点位绝对是一致的，也因为这种特点，我才有可能将N字理论通过计算机手段将其编成智能化的学习套件与交易系统。

学习数理科学方面的理论有一种方法，那就是学习的过程中领会三个方面：一是怎么来的，二是怎么记，三是怎么用。因此先要知道理论的来龙去脉。例如，笛卡儿坐标系最早是因为笛卡儿在葡萄架下思考着方程式与图形的关联性，由于人躺在葡萄架下仰视时，所看到的架子就像我们现在所看到的X－Y坐标一样，因此，笛卡儿想到了用一个纵轴和一个横轴定义出一个点位，也就是一个数值的特性，将方程式与图形进行了完美的结合。所以我们在开始介绍N字理论前，先将N字理论创始人李进财教授其人的背景介绍了一下。

我接触N字理论之前，李进财教授已经在台湾讲授N字理论

第2章 N字理论

10余年，但是一直没有人将N字理论的所有定义整理成文字。因缘巧合，我有幸跟随在李进财教授身边将近一年半的时间，在这段期间把N字理论的所有定义经李进财教授亲自修订后，整理成文。也就是说现在坊间所有有关N字理论的定义，最后整理与定稿皆出自我之手，因此我对N字理论有着更深的体会，对于传播N字理论更多了份热情与责任。

2004年，我开始将N字理论推广至内地，经过将近5年的教学培训，总结出了如何更快、更精准地学好与运用N字理论于中国股市的方法：先熟悉各种N字理论的定义，然后进行严谨的逻辑推理与综合研判。唯有通过这样的学习模式，才能更快地将N字理论应用于中国股市。任何的股票理论如果不能应用于实战中，皆应认为是糟粕。股票理论有意思之处就在于这些理论可以很快地接受实战检验，尤其是现在的股票软件这么先进，任何金融股票技术分析方面的理论，都可以立刻拿股票走势图来检验其优劣真伪。所以我在拙著《技术分析指标详解》中提到，该书中所说的任何一种方法，都请读者去拿10种股票或金融商品去检验其是否适用，唯有如此才能分辨出理论或指标的适用处。这也是N字理论"怎么记"的方法。

几乎所有的理论都有其长处与短处，我们拿来应用的时候就必须先清楚地知道该理论的适应性，这就是学习方法的第三个方面："怎么用"。例如，KD指标适用于盘整盘，但是遇到了上升或下跌的单边趋势盘就出现钝化现象；移动平均线在趋势盘中非常好用，但盘整盘恰恰是其软肋，只要在盘中使用移动平均线，乃至于从移动平均线演变出来的指标，如MACD等，都会进退失据。不是KD

指标或移动平均线不好用，而是使用者忽略了该指标使用的时机与前提，所以才会出现张冠李戴的情况，觉得怎么这些指标都不好用，最终导致不明所以的使用者不是拼命地去做所谓的优化指标参数，就是自己去胡乱解释。这就像很多人用了许多方法解释摆荡指标 KD 在超买超卖区发生钝化的情形一样。其实摆荡指标原来只适合盘整盘，当摆荡指标进入超买区或超卖区产生钝化，就该赶紧地转换成趋势指标（如移动平均线等指标）来观察盘态是否已经形成一个上升或下跌趋势。这些常用的指标，不论是 KD、RSI、MACD，还是 DMI 等，我都不建议去改动参数，原因是各种盘态不同，也就是市场节奏不同。比如，若修改了某一参数后刚好适用于现在的盘态，假设是盘整盘，接下来变成了单边市场的追杀盘或是轧空盘时，市场节奏变了，是不是还要再次改动参数？

除了市场节奏时时在改变，各种金融商品还有其自身的节奏特性，通俗点说就是每种股票的股性是不一样的，就像外汇、期货等具有财务杠杆的金融品种，其市场节奏与股票市场节奏绝对不一样。

最根本的一点就是：所有指标的解释都必须与交易规则与 K 线理论相符合，不能胡乱解释某一种现象。指标必须来自于 K 线的开盘价、收盘价，最多再加上一个成交量。如果指标与 K 线理论所得出来的结论相抵触，还是要以 K 线理论为准。有关这方面更深入的探讨，请参考我的拙著《技术分析指标详解》。

我们用简单的文字来概括 N 字理论：N 字理论是用严格定义的 N 字形态量测出向上或向下攻击的 K 线力道，由 K 线力道进而研判出现在的盘态与后市可能出现的各种盘态，最终找出趋势的方向与下单的依据。

N字理论不是圣杯，是串起珍珠的项链

现在学习金融股票这方面理论的人们都有一个学习误区，那就是都想当神，或是一般人所说的在寻找所谓的"圣杯"，也就是都在寻找一种预测的神准性，只顾着去追求对未来走势进行预测的准确度，却忽略了预测发生错误时的对策。

研判未来走势是必需的，但更重要的在于制定对策：如果行情朝着自己预计的方向前进，就稳定地抱牢或赶紧卖出筹码。但是行情若不如己意时，又该如何去做呢？一般人容易手足无措，就是因为他们没有准备好应变的策略。我们常说市场永远是对的，那当我们研判错误的时候，是不是也该有止损或是止盈的准备呢？这也是我一直想推广 N 字理论的另一原因。在出现买点时，N 字理论可以很明确地找出相应的止损位，如此才有进场的理由与依据。

我在讲课、写书乃至解盘时都有一习惯，喜欢先讲一般的应用在发生错误时该如何处置，或事先讲该股票与大盘最大的风险在哪里。例如，KD 指标出现黄金交叉而买入之后，出现反弹无力继续下跌，KD 又呈现死亡交叉的情况时该如何处理？为什么这样教学、写书与解盘呢？因为正确的使用方法，大家都会用了，如果行情如课本所讲的那样走，非常容易，照着做就是了；但是如果连出错的情况都能处置得宜，那就更可以大胆地使用这种方法了。这与风险利润的概念是一致的，就是最差的情况都能接受并应对自如了，心态自然就平静了，不会在盘中惊慌失措。按照这种思路操作久了，就能进而培养赢家心态。大家都知道操作时的心态很重要，但是如

果没有好的应变之法或者自信拿手的技术分析作基础，心态就只不过是个空谈。这也是我要将N字理论加上了风险利润与资金管控这些概念的原因。每次出手时，必定伴随风险利润比例的研判，永远知道自己的最大损失在哪里，然后与资金管控联动起来。连最大的损失都能接受了，心态自然就平和了，也因此才能做到"快乐投资，快乐理财"。

学习任何理论与学说，重点在于掌握其精要与大原则，如果只是停留在旁枝末节上，那就真如《庄子·养生主》所言："吾生也有涯，而知也无涯，以有涯随无涯，殆已。"人一生数十寒暑，现在又是知识爆炸的时代，若老在每个学说的周围打转，何时才能通达博学？时代进步，学习也要讲求方法与效率，最重要的就是要掌握每个学说或理论的根源与精神所在。入门时必须讲许多浅显的例子或定义，这无可厚非，但是随着学习越来越深入，学习者就该慢慢去体会每种学说的精神所在与大原则，这个过程有点像是归纳，也可以说是浓缩，或是一般所言的消化、吸收变成自己的东西，然后才能拿出来运用。

掌握了学说大原则的好处在于不需要死记硬背了，更大的好处在于能够活学活用。亚洲学生习惯了填鸭式的教育，考试的标准定得非常死，都有其标准答案。但是任何实用的学问，都有其经验数据或者修正值，尤其是理工科，当到工地或工厂实际应用时，在学校学习过的公式都必须作修正，就是这个道理。亚洲学生经过学校这套教育制度的洗礼后，往往忘了自己应该下工夫去进行归纳整理，只会硬套公式，总是循着固定的思路解题，往往忽略了大原则与活学活用，好处是都会照本宣科，但是创新突破就难了。尤其是金融市场走势非常灵活，行情起伏巨大，要是都照着套路去操作，若所用的是一个完善的理论还好，但若只学了一些特殊例子才适用的方法，使用者又不知其所以然，不知道使用的前提及其适用的盘态就拿来硬套，焉有不亏钱之理？所以我在讲完基础课程内容后，常常喜欢讲大原则，就是最后的归纳整理，然后希望学员能一以贯之，也就是最后保持几个大原则进行操作，化繁为简，灵活应用。唯有这样，学习者才能得其要领，日后的应用与活用基本就问题不大，至于最后学习的程度高低，那要看个人的功夫深浅与市场经验了。

许多学过N字理论的学员在学习N字理论之前已经能稳定获利，但是总觉得缺少了些什么；也有许多学员之前学习过各家各派的招式，但也总觉得没法融会贯通，好像各招各式都各有其道理，总缺乏一贯性。我在学习N字理论前也是如此，虽能稳定获利，但遇到某些盘态照样会亏损严重，而且苦无良策应对，直到学习了N字理论后，才有了豁然开朗的感觉。有学员曾说N字理论如同串起粒粒珍珠的项链环，把之前所学过的理论都串接起来了。同样的，我也鼓励学员在学习完N字理论之余，也要看看各家的书籍与理论，把N字理论当作标准去看各家的长处与短处。

任何理论都有其优缺点，这是毋庸置疑的，重点在于怎么取其精华、避其糟粕。众所周知，盘态大致可分为三种，不是上涨就是下跌，或者盘整，所以学习任何理论或者指标，先把该理论、指标适用的盘态搞清楚了，基本就不会太过离谱，使用时心里也有数。N字理论拿来分析盘态是其强项之一，所以先用N字理论去定出盘态，知道现在的行情走势处于哪一阶段，使用时要配合着我一直推广的三重滤网的概念（三重滤网概念请参考我的拙著《技术分析指标详解》一书），大周期、中周期乃至小周期一目了然。也就是先知道月线到底是在打底呢，还是处于轧空或追杀中。再看看周线是否也是如此，最后再看日线处于何种盘态中，相互印证。长、中、短周期，往往走的是非常和谐的步调，有时看似有所矛盾，但那只是中间的过渡时期。经过三重滤网的分析后，对任何的理论与指标都能有更进一步的体会与理解。N字形态又恰巧是最基本的K线攻击形态（除了V形反转，N字课程中对V形反转有专门应对的方法），所以任何的K线理论乃至于形态，皆可以用N字理论来作解析。

在学习N字理论之前，我对传统K线理论一直抱持着怀疑的态度，例如，乌云罩顶、双鸦跃空是否就真的代表着会如何？甚至传统的酒田战法中三川三山等论述，只要通过查找K线历史图形，就会发现反面的例子有很多。我最讨厌的是需要去记忆多种形态，更喜欢实战，尤其是在期货市场，需要的是快速反应，形形色色的形态无法让我一以贯之，那些几乎是用直觉反应来交易的学说，让我非常不适应。但是学完N字理论后，把这些传统的K线理论（无论是传统K线形态学的头肩底、头肩顶、W底、M头，还是日本的酒田战法、美国人的蜡烛线）再回头看一遍，发觉传统K线理论确实有其实用性，也知道了其中的盲点所在，如此才开始运用K线理论于实战中。

几乎所有的学员学完N字理论后都会发出两个感慨：一是感慨怎么不早点接触与学习N字理论，二是感慨终于知道了以前亏损的原因。在投资的道路上，最困扰投资者的就是总弄不明白亏损的原因，学习完既能综观全局又能把每根 K 线解释得清清楚楚的 N 字理论后，当然能搞清楚自己以往的错误所在。关于这一点，读者将会在后文 N 字理论的实战案例中体会到。

永不止步的 N 字理论

N 字理论如同所有的学说一样，都有着成住坏空的过程。为了延缓 N 字理论的衰败，我一直在作更科学的研讨与精进，也因此开发出了 N 字理论的学习套件与 N 字交易系统（关于这两套系统请看后面章节的介绍，两套系统皆已申请著作权保护）。

为了让 N 字理论的基本定义得到一个标准的答案，不至于以讹传讹，越传播错误越多，越传越离谱，所以开发了 N 字学习套件，让初学者能够利用标准的程序找到各种 N 字所定义出来的关键点位，诸如"杀多高轧空低点"、"末升低末跌高点"等，以进一步利用 N 字理论的各种抄底逃顶信号，或者以判断 N 字形成与否的方法来进行智能选股。

为了让 N 字理论得以于实战中接受考验，我利用计算机的编程技术，找出 N 字理论原来的一些盲点与高胜率的地方予以优化，由此开发出 N 字交易系统，等到以后自动下单系统进一步成熟与合法化，就能将 N 字交易系统变成一种真正的交易系统的核心。

开发这两套系统的目的，就是希望能站在理论巨人李进财教授的肩膀上，将 N 字理论推至另一高峰，甚至只是希望这一好的理论能够造福国内更多股民，延缓此一理论的衰败周期而已，现在也是借着这本书的出版，让更多人认识和了解 N 字理论。

我希望能够有越来越多的人学习和了解 N 字理论与 N 字操盘的法则，一起加入到研究这一由中国人自己开创出来的股票技术分析理论的行列，让其发扬光大，历久弥新，永葆生命力。

第 ③ 章

N字理论的实战性

了解一些N字理论的基本概念
N字理论是技术分析的基石
N字理论实战
两个有趣的事例

本书叫做《N字操盘法》，其内容就是介绍N字理论的一些大原则，再讲授以这些原则为中心演变出来的一些招式与方法。法术，法术，法在前，术在后，法就是大原则，就是中心思想，术就是以法为中心演变出来的一些招式与方法。坊间流行的"术"为主体的股票书，基本都是直接讲授如何见图拆招、依葫芦画瓢一类。如果不讲中心的原理，只是长篇累牍，讲类似围棋、象棋棋谱的东西，那就需要读者自己去做归纳整理的工作了。本书的编写方式是先介绍一些交易者该具备的基本概念，然后导入N字理论的内容与一些大原则，"术"的部分就以N字交易系统与一些实战图例为主，望读者研读此书时有一脉络可循。

了解一些N字理论的基本概念

常有人问我，什么是N字理论或N字操盘法，是否能用一两句话解释清楚。我常反问对方：是否能用一两句话把波浪理论解释清楚呢？N字理论是一个大的理论，既能兼顾各种盘态，还能将每根K线的来龙去脉皆解释清楚，怎么可能是一招一式或一两句话能解释清楚呢？但是为了让感兴趣的读者对N字理论有一大致的了解，所以先简单介绍一下N字理论的内容与基本概念，这部分可参考附录中N字理论的学习方式与定义表。

N字理论是先讲量能，由相对巨量等N字理论的量能概念讲起，再由基本定义推导出最小攻击形态N字或倒N字，由N字与倒N字力道发挥的正常与否来预测发展方向。还有，通过几个关键点位，诸如轧空低点与杀多高点是否被跌破与突破，判断后面的盘态，再由盘态与量能的关系，步步跟踪、监控盘态的变化。这样，才能由点至线、由线至面地整体看清楚趋势的方向与力道是否衰竭，是否会造成趋势的转向。最后，N字理论会讲到许多常见的盘态与应对的方法，但万变不离其宗，这些方法也是遵循着N字理论的逻辑推导与综合研判方法。

N字理论的基础定义与分析方法好学又好记，但是重点在于深入地综合研判。下面先说一些概念，再举些简单的例子，让读者大致了解一下N字理论的基础。

先简述一下N字理论最基本的N字形态。

请参考图3-1。N字的基本形式有两种，一种是基本形式的N字；另一种是变形的N字，也就是所谓的破底穿头。倒N字的形式也有两种，一种是基本形式的倒N字；另一种是变形的倒N字，即所谓的穿头破底。

由于有变形的情况存在，因此许多初学者不易分辨N字与倒N

字的变形。在无数次给初学者讲解的经验中，我总结出如何让一般初学者更容易弄明白的方法，那就是从最简单的形态开始认识 N 字与倒 N 字形态，即从 V 字与倒 V 字开始。

简单地说，就是两高一低为 V 字，两低一高为倒 V 字。但由于 V 字与倒 V 字只是所有图形中最基本的转折，作为理解 N 字理论的基础是可行的，如果将 V 字与倒 V 字拿来与 N 字理论东施效颦式地用于分析 K 线图形，就过于牵强附会，原因在于 V 字或倒 V 字事实上只出现了转折，并无趋势力道的发动。虽然进行期货交易最理想的买卖点应该出现在 V 字与倒 V 字形成的低点或高点，也就是每次转折点的附近，但是那必须配合着其他的理论进行综合研判才能达到这种境界，单独拿来当作一种形态来分析，容易失之偏颇，也过于武断。这里所说的 V 字并不等同于 K 线形态学里的 V 形反转，V 形反转几乎是由至少三根，多的话可能是由十几根 K 线组成的形态。K 线形态学里的 V 形反转当然可以用来分析和研判未来走势，但此处所说的 V 字一般是以三根 K 线组成，因此必须特别声明，否则容易引起误解。

由 V 字来了解倒 N 字的方法就是：V 字的两个高点中间夹着一个较低的低点，只要跌破该低点就会形成倒 N 字（如图 3-1 上半部）。由倒 V 字了解正 N 字的形成方法就是：倒 V 字的两个低点中间夹着一个较高的高点，只要这个高点被突破，就会形成正 N 字。如此理解，才不至于迷惑于 N 字、倒 N 字的基本形或者变形，简单易懂，也加快了辨识的速度。任何技术分析的方法应用在实战市场中，使用者的反应速度，也是影响交易成果非常重要的一点。

第3章 N字理论的实战性

结论就是：两高一低，跌破低点形成倒N字；两低一高，突破高点形成正N字。请注意，这里所说的N字与倒N字只是用最简单的折线图来做解说，详细的N字与倒N字应用于K线图时，有更严格的定义。

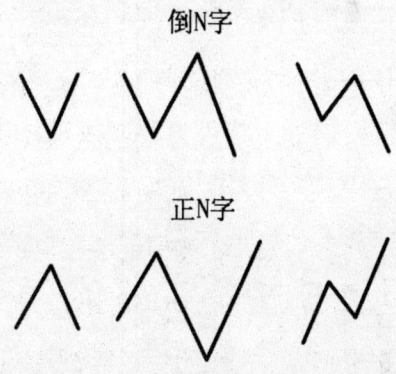

图3-1 N字与倒N字的两种形态

正N字与倒N字的实际图例请参考图3-2和图3-3。

（从此处起至下文所有图例的讲解，都包含了N字理论的概念和思想，读者可仔细品味揣摩。）

图3-2中，建设银行（601939）2009年8月31日创出近日来的低点5.11元之后，9月1日缩头缩脚形成母子线，9月2日过前一日高点并收在5.53元，形成正N字。9月2日的K线称为轧空K线，9月2日的量能又是相对巨量，所以只要之后不跌破9月2日的轧空低点5.19元，第一目标位就先看所谓的"一饱目标位"5.99元。这句话有两个含义：一个是轧空低点5.19元是很好的买入止损点位，这就是风险控制；另一个是利润，即目标位放在5.99

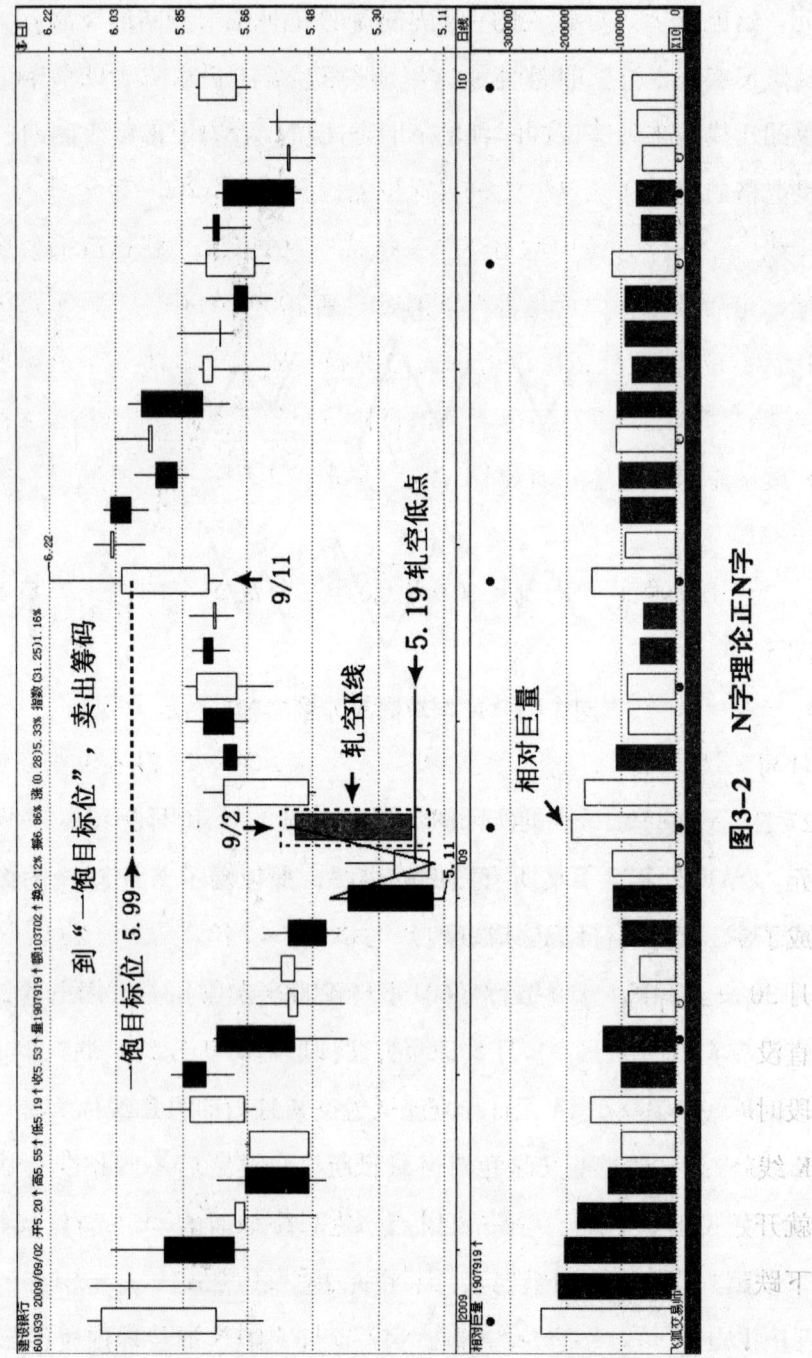

图3-2 N字理论正N字

元。这就显示N字理论的买点基本兼具了风险与利润的概念。

N字理论讲求顺势而为。N字形态具备了再次攻击的意涵，又是最小的攻击形态，同时，N字形态又蕴含着力道的概念，可将所谓趋势的力道用测量方法把目标位先量测出来。2009年9月3日的K线，在N字理论中称为"空头抵抗"，由该根K线抵抗的程度就能知道后续多头力道是否得以延续。到2009年9月11日，盘中到达目标位5.99元，可以考虑卖出筹码。从9月2日N字形态形成到2009年9月11日到达"一饱目标位"5.99元，中间几天无论是K线还是盘态基本没有出错，也就是多头走势正常，所以可一路抱牢筹码。

以上是正N字的例子，接下来看一个倒N字的例子，请参考图3-3。

图3-3中，中国南车（601766）2009年7月24日、7月27日与7月28日的三根K线形成一个V字，7月29日股价跌破7月27日低点，收盘为5.44元，形成倒N字，"一饱目标位"在4.73元。由于7月24日的K线是相对巨量，所以暗示7月29日虽然形成了倒N字，但是无法形成追杀的格局，最多只是盘坚的盘态。7月30日到8月5日的反弹在N字理论看来非常正常，因为反弹一直没有突破"杀多高点"5.91元，所以7月30日到8月5日的这段时间没有买入理由，而且应该视为反弹逃命的机会。7月30日的K线就N字理论而言称为"多头抵抗"。经过了这一轮的反弹后，就开始了追杀行情，一路跌到"一饱目标位"4.73元后，仍继续下跌到4.40元才止住跌势，倒N字力道发挥正常。

以上只是N字理论中"正N字"与"倒N字"最简单的应用，

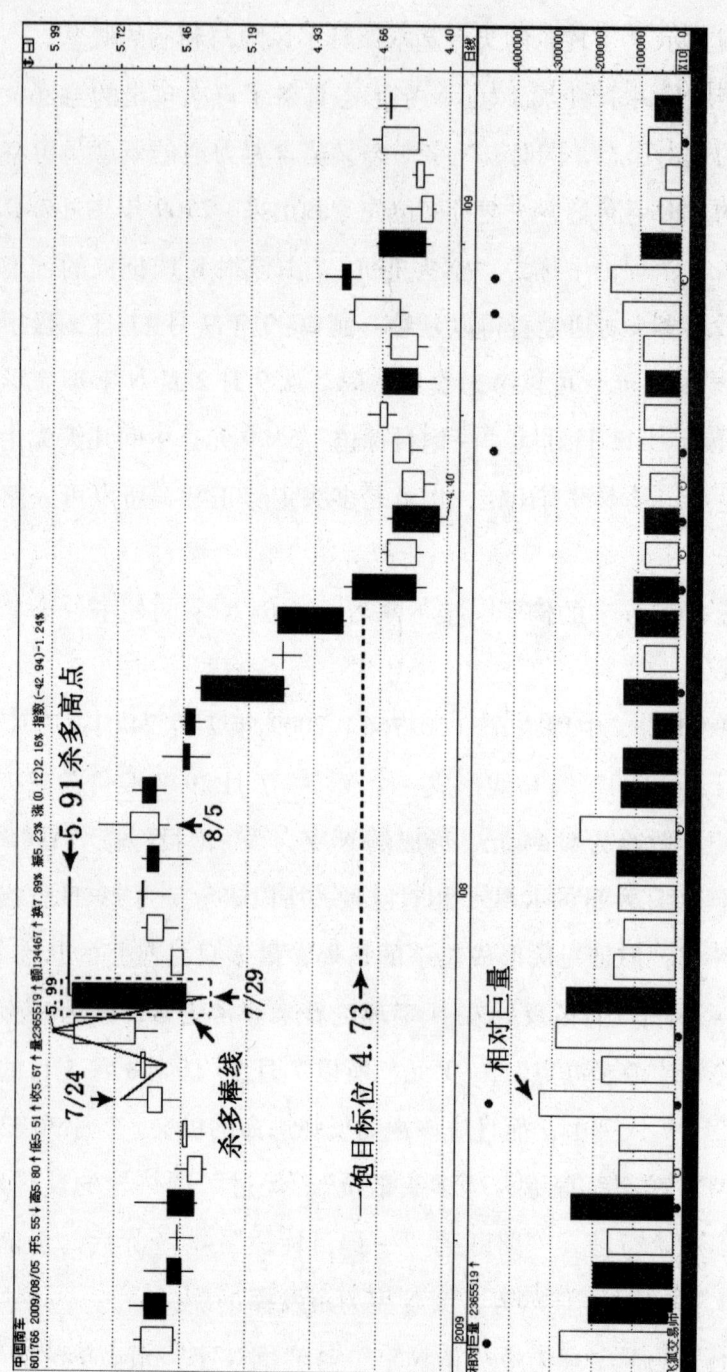

图3-3 N字理论倒N字

只是先让读者对为什么要叫做"N字理论"有一浅显的认识。对于其中所用的几个名词,例如,N字、倒N字、轧空低点、杀多高点、相对巨量、一饱目标位、多头抵抗、空头抵抗等,都是N字理论的专有名词,都有其严格的定义。其中几个的基本定义大致描述如下:

轧空K线:形成正N字的K线。

杀多K线:形成倒N字的K线。

所谓轧空,是取自盘态,一般盘态分为轧空盘和杀多盘,一路上涨的单边盘态叫轧空盘,一路下跌的单边盘态叫做杀多盘。因此就取轧空K线与杀多K线当作某种盘态可能的开始点。

N字理论有两个量测目标点位,称为"一饱二吐",这是当年李进财教授为了让学员容易记忆而想出的名称,"一饱"就是吃到饱了,"二吐"就是吃到吐了,从这两个名词可以体会出力道的发挥情况。

N字理论的基础就是从这里开始,然后能把每根K线解释得非常清楚,进而能够依据多空力道发挥得正常与否,以及抵抗得是否成功,推导出后面可能的盘态,最后让持N字理论者采取相应的操作策略。如此,不仅能够使风险利润与资金管控作完美的联动,更能适应各种盘面的走势。

N字理论是技术分析的基石

N字理论的基本特性能解释任何股票理论,并能提出完整且清楚的风险利润比与适合的进场点与止损位,进而使风险利润控制与资金管理更加完善。现在就从 N 字理论的第一个特性"能贯穿所有技术分析理论"说起,解释为什么 N 字理论是技术分析的基石,又为什么学完 N 字理论后,再去看其他的技术分析理论或指标时便会觉得能一目了然,甚至能找出其他理论与指标的盲点与适用的范围。

许多投资者为了在股市中稳定获利,不是博览群书就是四处拜师学艺、听演讲会,或是在网络上四处点击博客,或是参加各种股票的讨论群,无非就是想找到能稳定获利的方法。坊间一些所谓的绝招或定式,可能在某一前提的盘态下非常好用,但可惜的是都没有成为一个完整的理论系统。而 N 字理论虽像波浪理论一样,是一种可以解释整个盘态的理论,但 N 字理论不只比坊间形形色色的招式更完整,而且比波浪理论更细致。细致的地方在于可以从 N 字形态最小的攻击起点开始研究与观察,更早地确认空头力竭、多头开始攻击,或是多头力竭、空头开始反扑之处。所以不论学员之前学过什么绝招或者什么理论,N 字理论都能更加完善原来所学或所依据的操作法则,原因就在于 N 字理论可以贯穿现在大概所有的股票技术分析理论,因此,N 字理论可以说是技术分析的基石。

接下来我们试着用 N 字理论来观察传统的一些技术分析理论,同时,也拿这些理论来检验 N 字理论是否能够称为技术分析的基石。

一般讲 K 线理论多是由一根 K 线的开收高低和成交量说起,然后从一根 K 线、两根 K 线乃至三根 K 线进入到 K 线组合,也就开始了所谓 K 线理论的形态学。一般的 K 线形态可分为两大类:持续整理形态与反转突破形态。持续整理形态包括旗形、三角形矩形、楔形等，反转突破形态包括 W 底、M 头、V 形、头肩底、头肩顶、圆弧底、圆弧顶等。

既然要讲 K 线理论，那就先从单根 K 线（如图 3-4）的开盘价、最高价、最低价、收盘价与成交量这些基本数据开始思考。

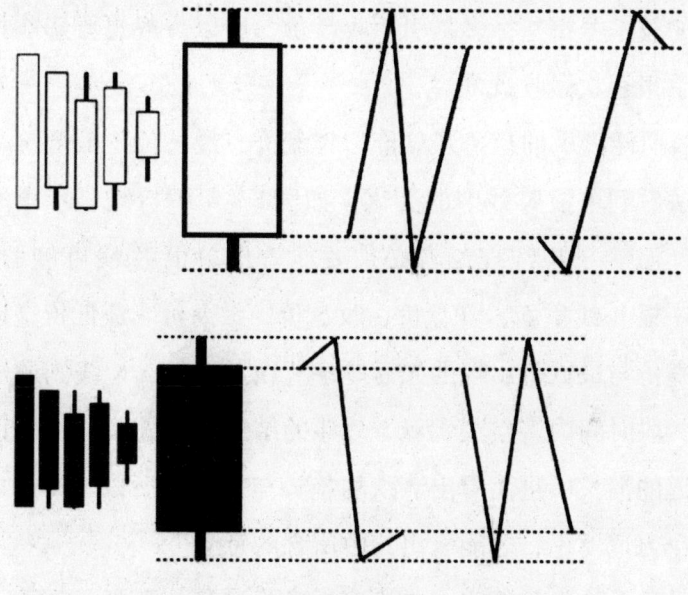

图 3-4 阳线和阴线的几种形成过程

图 3-4 显示了阳线与阴线及其形成的几种可能的过程，这些数据可能代表着一个月，也可能代表一周、一天、五分钟或是任何周期时间内股价或金融商品价格的变化走势。

现以日 K 线作为例子。

日 K 线的开盘价意味着经过一夜思考后，一天开始时集合竞价的结果，代表多空双方昨天收盘后经过一夜斟酌，在今天所愿意买入或卖出的价位，配合前面的走势，可以判断出当天多空双方的企图。

最高价意味着当天多空双方所愿意买入或卖出的最高价位，有压力的性质；同理，最低价意味着当天多空双方愿意卖出或买入的最低价位，有支撑的性质。

收盘价则是经过一天的多空较量后的最后一个价位，该价位的重要之处在于：收盘价会影响许多技术分析指标的运算结果。因为大多数的技术分析指标多是引用收盘价，所以一般想要影响指标看法的作手很喜欢做收盘价。

K线所能表示的只是开盘价、收盘价、最高价、最低价与成交量，没法看到单根K线中的变化，如图3-4中折线显示出的几种可能性。但学习K线理论者必须要能看出单根K线可能的走势，也就是一根K线里面，开盘价、收盘价、最高价、最低价这四个价位中最高价与最低价出现的先后顺序。由此可知，K线图所反映出来的是一段时间内多空买卖双方战斗的结果，透过K线图可以看出多空力道的消长，进而看出涨跌的趋势与方向，所以，K线理论必须从多空力道下手，才能看出其中所含的意义。

若是只看某种K线组合就判定后市会如何，那只是掌握了旁枝末节，没有找到K线理论的精髓。原因就在于只看某种K线组合形态或者两三根K线，忽略了这些组合所在的盘态或者所处的价格阶段。例如，在反弹高点或多头力道竭尽处的M头（也称三尊头或三山），其准确性当然高于盘整期中的M头，在空头力道还未消退的过程中或者一段下跌后，出现的红三兵不但不是买入信号，而且要注意空头力道的反扑，这里的红三兵可能只是主力或者机构测试性的买盘行为。又例如吊颈线，若是在下跌的中继处出现，不只不是反转走势，反而是下跌中继点，是另一次反弹逃命的机会（如图3-5）。

第 3 章 N 字理论的实战性

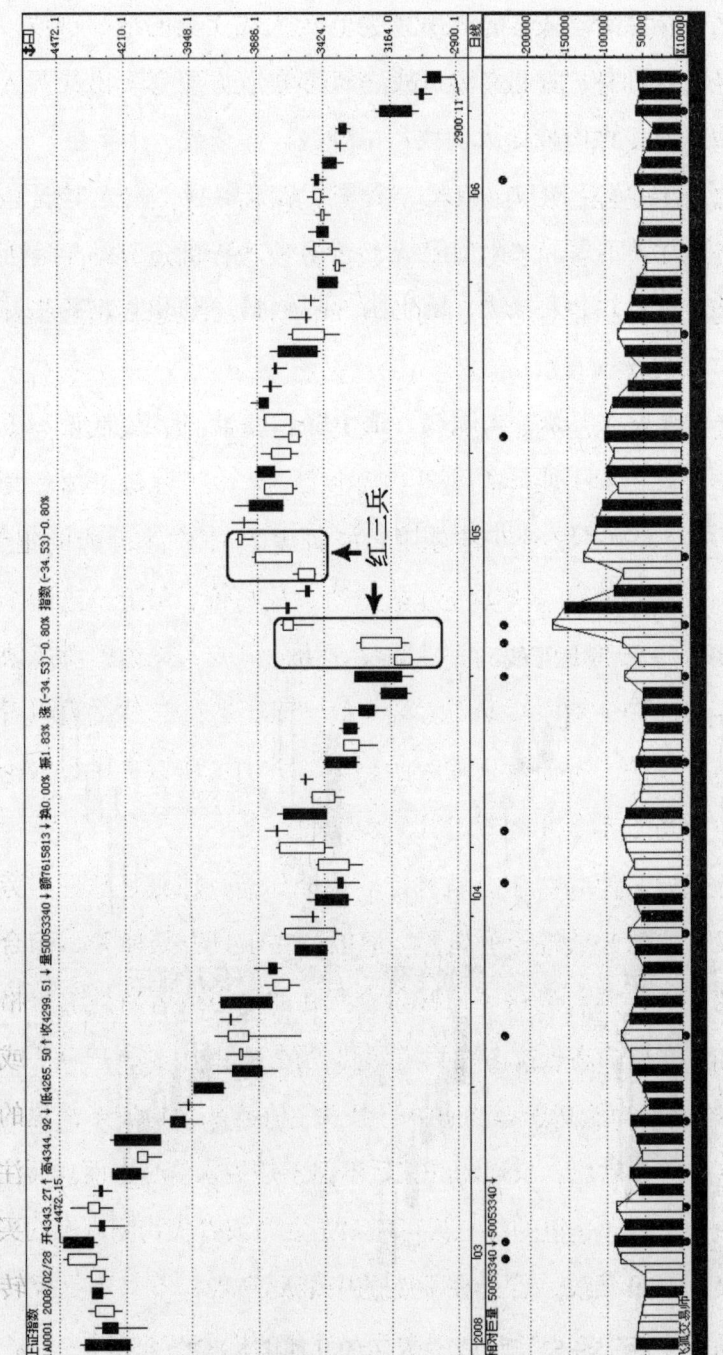

图3-5 红三兵反而是反弹逃命点

接下来看看比较著名的酒田战法。

以下是本间宗九所创立酒田战法的简单分类：

单根 K 线：大阳线，大阴线，吊颈线，锤子线，十字星。

K 线组合：跳空缺口，夜星，晨星，乌云罩顶，曙光乍现，吞噬，红三兵，黑三兵，大阳前阻线，连续线，高档红三兵，低档黑三兵，反打前三，上升三法，阳生阴，阴生阳，阳母生十字，阴母生十字。

酒田战法买入形态：大阳线，锤子线，晨星，曙光乍现，红三兵，上升三法，反打前三。

酒田战法常见的买入形态如图 3-6 所示。

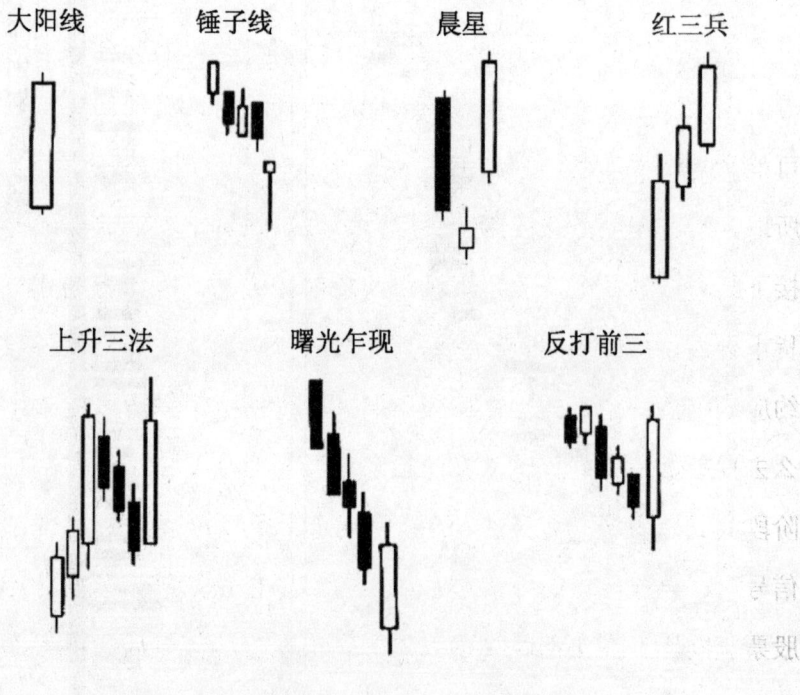

图 3-6 酒田战法常见的几种买入形态

用N字理论来看，以上这些买入信号都有其道理，但也有些地方不够完善，如果改用N字理论来看这些买点，会更加完善。

其主要的原因之一是N字理论先定义出来现在的盘态。酒田战法的这些买点会失败的原因也多发生在大环境或者说大的周期还处于跌势中，也就是连基本的止跌信号都没有出现，当然没有买入的理由。再进一步从N字理论的角度来看，许多酒田战法中的一些买点，只是符合了N字理论中的止跌信号，如果没有后续的攻击买点出现，只能把这类止跌信号当作再次的套牢区。

请记住，N字理论在下跌波段中有一个非常重要的抄底依据，那就是先找止跌信号，止跌信号出现了才开始找N字理论的攻击买点。

依据这样的抄底原则，基本能避开大概九成的底部错误买入信号。因为我们都知道，当大的周期趋势走跌时，任何的买点其实都可能只是反弹而已，也许有些蝇头小利，但是风险相对太大了些。所以，N字理论中的任何抄底行为必须先确认止跌，这样才能避免接下坠刀子的情况。股票市场跟期货市场不同，股票市场相对于期货市场而言操作周期较长。期货一般的持仓周期在一周内，股票大约应该维持一个月的操作持仓周期，所以期货市场中可能要学习怎么去找最低最高的反转点，而股票市场相对来得慢了许多，加上现阶段的股票市场又有T+1的操作规定，所以可以先等出现了止跌信号后，再次攻击时才买进，或是等出现止跌信号后，找低点买入股票。同样，在头部时，可以先等到出现止涨信号后，再考虑卖出股票。

由上可见，要把酒田战法这些传统K线的战法运用自如，必须找出每个信号成功的前提，那就是每一买入信号适用的盘态。换言之，就是先看清楚在哪种盘态中，酒田战法的这些买点才是成立的。

另一个用N字理论看这些买点的原因是：因为N字形态可以说是除了V形反转以外最小的攻击形态，而一般V形反转其实也包含在N字或其他更大形态中。在开发N字交易系统时，也用了N字形态中的其他攻击形态克服了V形反转买点的发现。

技术分析的指标大致分为两大类：一类是趋势指标，适用于单边的趋势盘；另一类就是摆荡指标，适用于盘整区间。就这些指标的使用而言，就如前述一样，只要找对了盘态，就能运用自如。而N字理论既然能事先预判后面的盘态，当然能够及时地转换适应的指标来应对接下来的盘态走势。关于这部分，书中已多次提及，在此不再赘述。

只要是K线理论，最大的罩门就在于盘整盘，因为K线理论基本源自道琼斯理论，也就是通常说的趋势理论，因此K线理论在所谓的单边趋势市场里可说是无往不利，但只要遇到盘整走势，例如在一个大跌势中的一些反弹，就非常容易出现错误的买点，甚至出现追买在反弹高点的问题。当然，传统的K线理论与波浪理论中也提及了很多盘整形态，可惜的是这些都只能在盘整盘或是调整浪的结尾处才能知道该形态。如果懂得这些形态，好处是可以等待突破或跌破该盘整区间后再做动作，但在盘整盘的初期很难预判。由于N字理论的基础形态是N字，可以说是最小攻击形态，由这个最小攻击形态的力道观察就能及早判断出接下来盘态到底属于六大盘态中的哪一种，若研判出走势可能陷入盘整，就可以及早地确定相对应的下单方式，也就是在盘整盘中采取高抛低吸、快进快出的操作手法。

除了K线形态中的旗形、三角形、矩形与楔形以外，还有一种容易被忽略的K线组合也该视为盘整盘，那就是母子线与子母线。无论是母子线还是子母线，都代表着在这两根K线的高低点之间形成了多空僵持不下的局面，如果切换到分时格局的K线图中就能非常清楚地看透这点，所以遇到了任何形式的母子线与子母线就该视为一种盘整格局，应视同十字星的单根K线一样。众所周知，十字星代表着变盘的一种信号，但是变盘就涨跌方向而言有两种，一是变盘向上，二是变盘向下，就趋势走向而言，变盘又可分为转折与持续。上涨一段后在高档出现十字星，就传统K线理论而言，将会变盘向下，这就是趋势的转折；如果上涨一段后在高档出现十字星，之后又立刻突破这个十字星，涨势将持续，这就是趋势的持续。判断的重点就在于后面的K线是跌破十字星的低点还是突破了十字星的高点，跌破十字星的低点就是变盘向下，突破十字星高点就是变盘向上。所以，不论是单根的十字星、两根组合而成的母子线与子母线，还是旗形、三角形等形成的盘整盘，只有一个准则：看盘整区间的高点先被突破还是盘整区间的低点先被跌破，跌破低点视为盘整结束后下跌的开始，突破高点就视为盘整结束后上涨的开始。这是应对盘整盘最基本的概念与原则。

由于 N 字理论已经把盘态考虑进去，所以能适应各种盘态。

除了 N 字理论以外，另外两种理论可以规避盘整盘的技术分析理论，就是波浪理论与箱体理论。箱体理论本来就是用于发现盘整盘的，以及依据盘整盘突破与跌破来找寻买卖点。至于波浪理论，虽然常常被人讥讽为事后诸葛，但是我们必须认同波浪理论在综观全局与处理盘整盘时的高明之处，尤其是后者。

投资高手们大多在面对盘整盘时会更加提高警觉，因为 K 线形态学认为，不论是旗形、三角形、矩形还是楔形的盘整盘，都会有一段较长时间的路要走。以波浪理论而言，盘整盘就是发生在第二浪、第四浪与 B 浪的调整浪。所以有一些使用波浪理论的高手，抓的就是盘整盘。

而 N 字理论既然能预判出后面的走势是盘整还是单边的轧空或追杀的盘态，当然可以涵盖箱体理论与波浪理论的优点，甚至拿 N 字理论去解释这两种理论，都可以得到更加完美的诠释与观察角度。

在此也提醒投资者，那就是若发现了盘整形态，千万不要打不起精神，反而应该更加重视，脱离盘整盘的高点与低点的那一瞬间，就该果决追高杀低，因为那一瞬间可能就是大家一直想找寻的起涨或是起跌点。若能常常抓住这一信号，不单能避开大波段的亏损，甚至在追涨的过程中能抓到一大段的利润。所以，以后大家要非常重视常常被忽略的盘整盘，它可能就是暴涨的前奏。

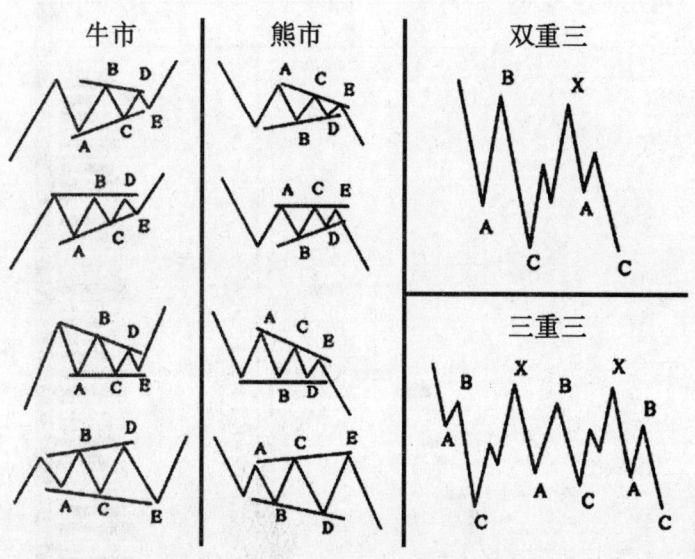

图3-7 波浪理论调整浪

N字理论实战

现在就用N字理论试着去解释几种酒田战法的买点与常见的K线形态。

【案例1】 红三兵

红三兵定义：下跌过程中，连续出现三根阳线，每天的收盘价高于前一天的收盘价，且每天开盘价在前一天K线的实体内，收盘价越接近当日高点越好，量能最好温和放大。实际K线图例请参考图3-8。

普通的红三兵研判方法视红三兵为止跌反转买入信号。而在N

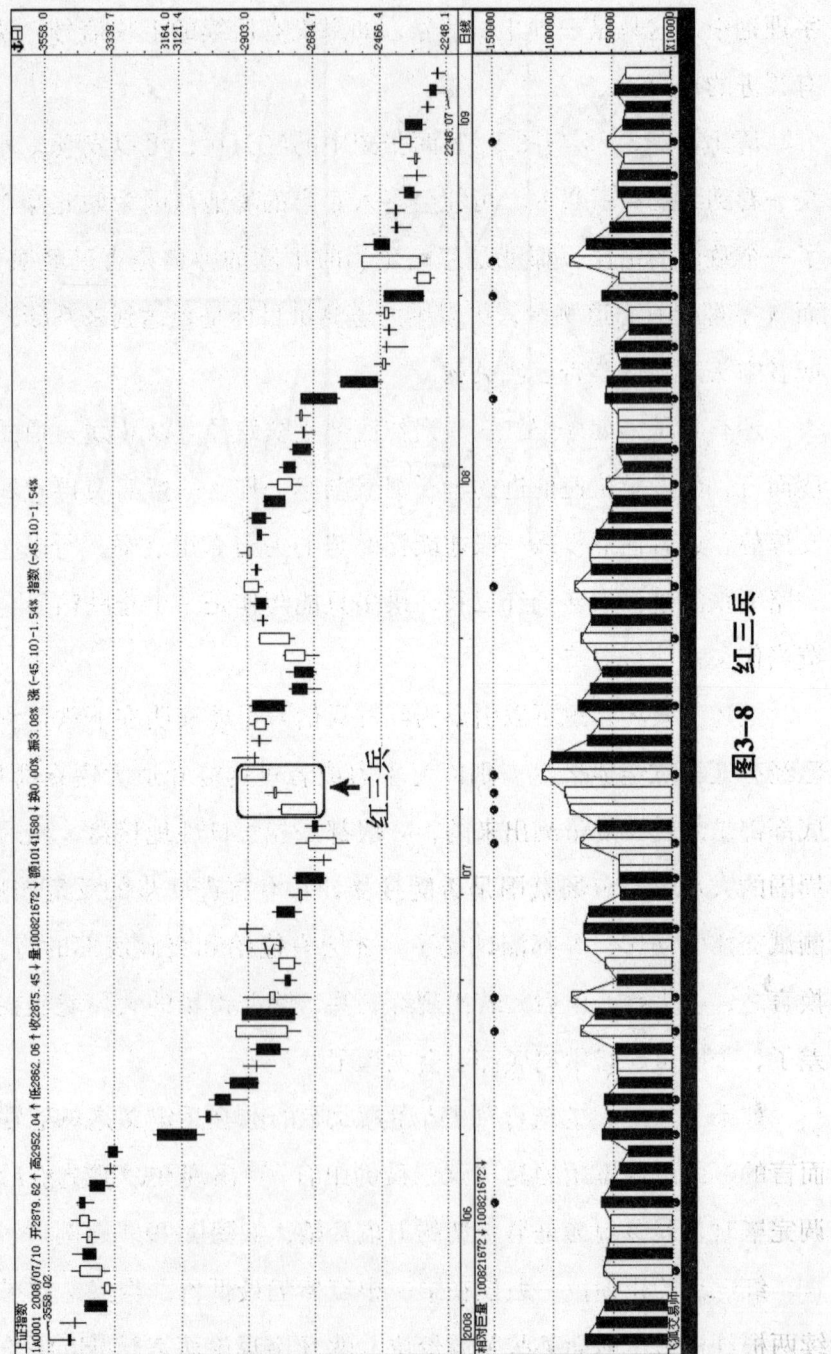

图3-8 红三兵

字理论中，这只是一种止跌信号，如果没有后续的上攻信号，就没有买进的理由。

请比较图3-5与图3-8两张图中的红三兵，可以发现，若只是一看到红三兵就买入，可能会落入套牢的境地。因为如此操作犯了一个致命的错误，那就是忽略了当时下跌的力道是否已经衰竭。而N字理论有力道测量，可以用力道测量目标是否达到来判断多头或者空头的力道是否已经衰竭。

还有就是，如果把红三兵当作底部止跌信号，以K线力道的角度而言，就像是快速前进的车子突然刹车一样，一般需要再次回测支撑位，或者往下再跌一段才能让跌势的力道真正衰竭。所以，在一路下跌的过程中遇到红三兵，最多只能当作是一个止跌信号，切莫当作买进信号对待。

上述的表述，也可以引申为红三兵信号可能表明在下跌过程中已经有人尝试性地接盘。别以为主力或者机构能知道大底在哪里，底部都是经过反复量测出来的，一般都是先尝试性地接盘，然后看周围的大环境与市场氛围是否能接受，才有更进一步的反复筑底、测试支撑的动作，等都测试完了，才会有拉抬和突破底部的行为。换言之，在大跌一段后，若出现红三兵，除非市场的大环境实在太差了，否则可能暗示离底部不会太远了。

如果"红三兵的组合"（请注意原始的红三兵定义是对下跌段而言的，所以这里用的是"红三兵的组合"）出现在一波上涨后回调完毕时，就该视为是另一波的上攻开始，如图3-9。

红三兵的止损位一般设在第一根红棒的最低价，当然，如果后续两根红棒过了前面某些关键价位，就N字理论而言，可以将止损

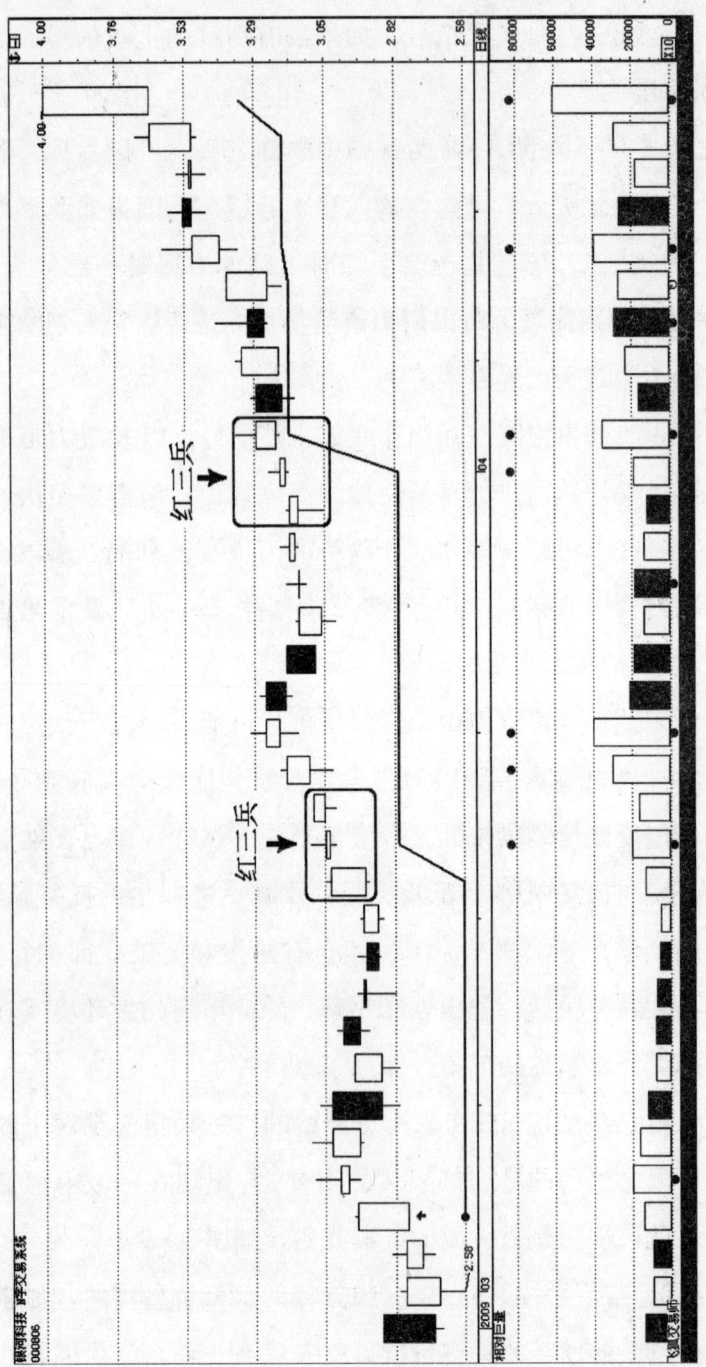

图3-9 上涨途中的红三兵组合

位提高。

由 N 字理论来分析红三兵，更应该注意观察红三兵后续盘态的量能变化，才能更精准地了解整个盘态的变化。

【案例2】 上升三法

上升三法的定义：股价上升过程中出现一根大阳线，然后连续出现三根小阴线，这三根小阴线的最低价都在大阳线的实体 K 线之上，然后再出现一根阳线。

实际 K 线图例请看图 3-10。

用 N 字理论解释上升三法最为容易：上升三法的高低点连接起来，不就是一个 N 字吗？酒田战法中的上升三法是一种攻击形态。以 N 字理论中的攻击力道来讲，一根长阳线代表着多头的气势，连续三根小阴线都没法将此多头攻击力道破坏，然后又出了一根阳线并过了前高，就可以非常明确地认定这是唯一攻击形态。如果在后面那根阳线中间买入股票或是看到那根阳线收盘后买入股票，止损位就该放在后面这根阳线的低点，只要跌破这一低点，就该止损出场。

这里值得一提的是，上升三法也是一种常见的上攻模式，别老想着上涨就是一路上去，中途也该让多头测试一下卖压，然后才能走得更高更远。如果一味拉抬，一下冲太高，反而容易遭遇空头猛力的反扑。这种空头反扑一是来自前波解套卖压，二是来自获利盘卖压。所以就 N 字理论而言，出现了 N 字攻击时，应该以空头抵抗成功与否来判定后续的盘态，进而观察其中多空力道的消长，判断涨势是否能够持续。

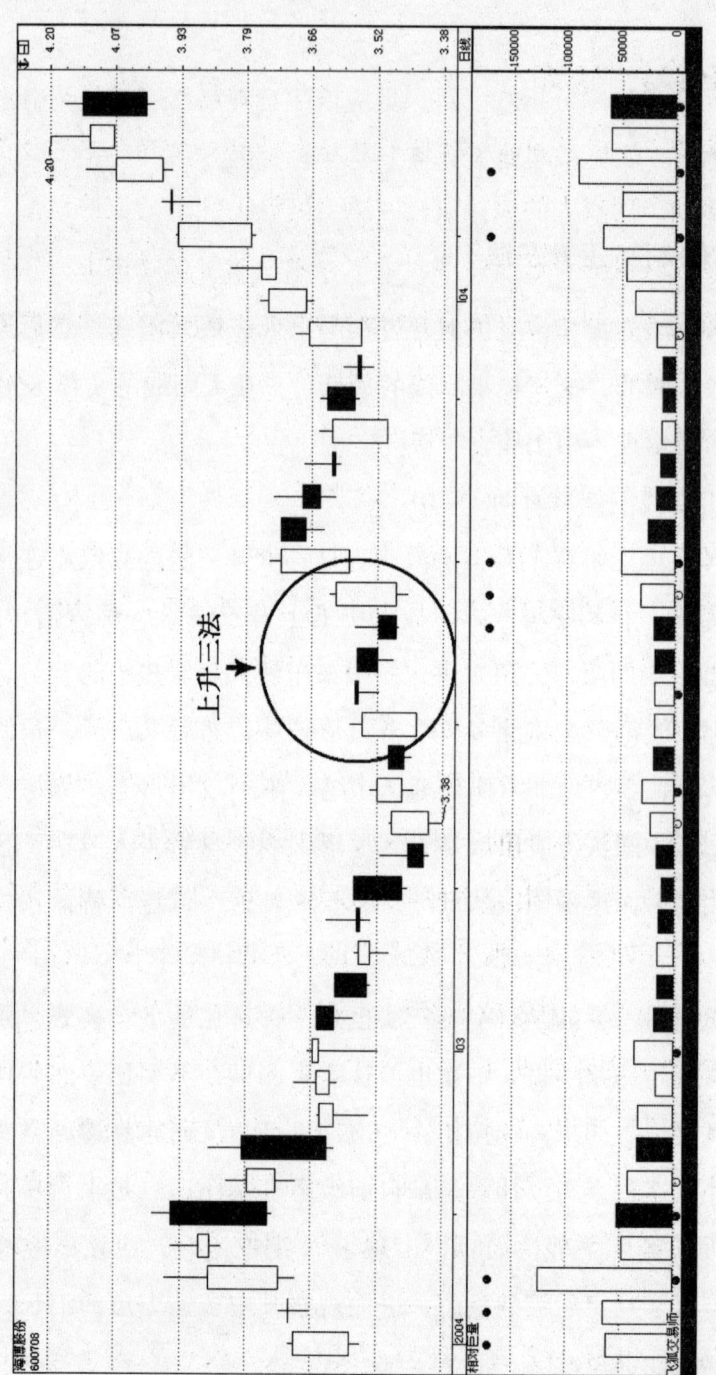

图3-10 上升三法

【案例3】 M头

M头定义：上涨过程中，股价急速上升到一个高点之后受阻回落，在该处出现较大的成交量；回落至前波上涨时的支撑位后，开始企稳，成交量随着这波回落而萎缩；之后股价又继续上升，股价上涨至前波开始回落点，成交量开始增加，但无法超越前波高点的成交量，上涨再次受阻；紧接着股价再次向下，形成了一个类似 M 形的头部形态。实际 K 线图例请看图 3-11。

如果以 N 字理论来看 M 头，趋势上涨过程中，N 字理论简单的应用是"末升低点趋势止盈法"，即一路跟随趋势上升，末升低点一路抬高，直到跌破末升低点反弹后才卖出筹码。一般 M 头在从左边的高点回落时，第一次止跌的点可能跌破了末升低点，也可能没有跌破末升低点，如果第一次就跌破末升低点，反弹时就该卖出所有筹码；如果第一次止跌的点没有跌破末升低点，如图 3-11 中 A 点并没有跌破前面的末升低点，可以继续持有股票，等到正式跌破末升低点时才卖出。这种情况通常与 M 头跌破颈线位几乎是一致的，甚至是由同一根 K 线完成的。如图 3-11 中的情况一样，就是在同一根 K 线中跌破颈线位，又同时形成倒 N 字，也在同一根 K 线跌破了末升低点（当在 A 点之后又创新高时，末升低点已经移到了 A 那一个点位，请记住：末升低点是会随着盘势走法而移动的，并不是一成不变的，否则不能形成趋势止盈、止损的参考点）。所以，在没有突破当根 K 线的高点 15.85 元以前，就是一路下跌。

当然还有更快的方式发现会形成 M 头，就是从 N 字理论的量

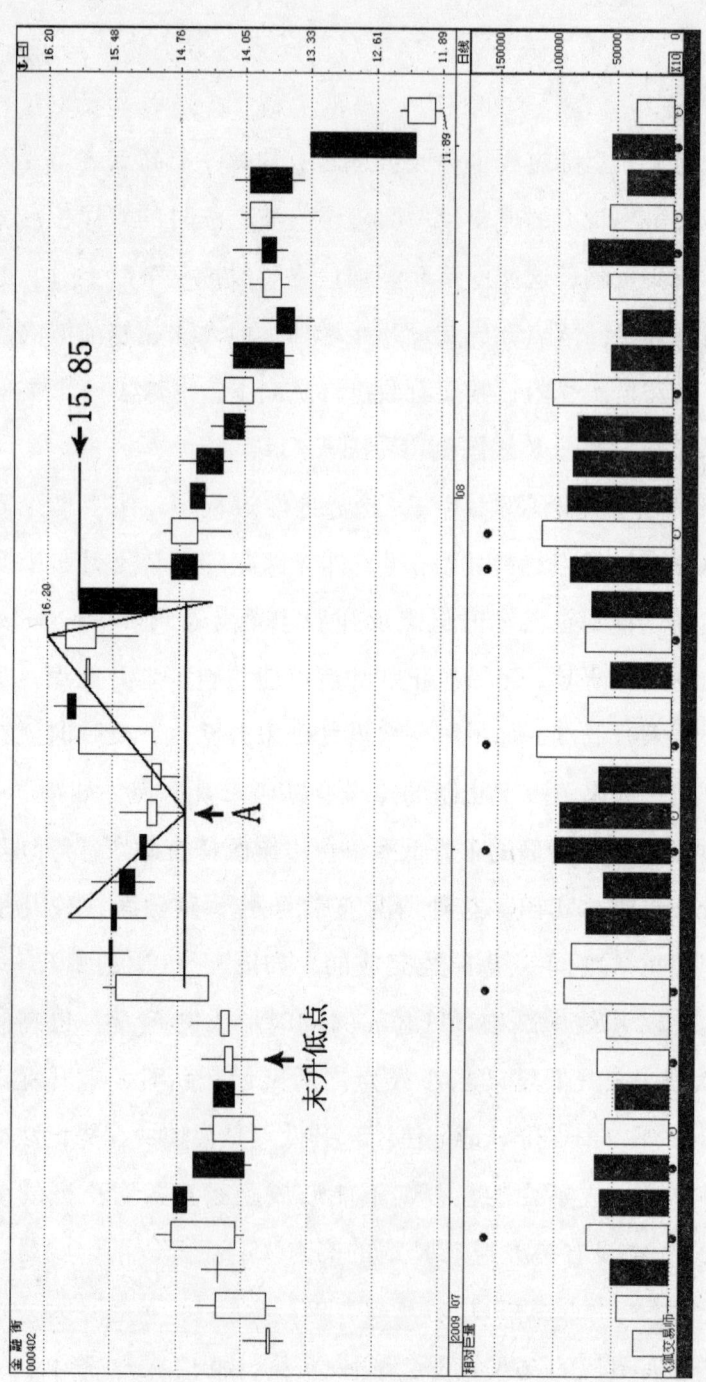

图3-11 M头

价关系与力道的角度观察，若知道后面的盘态无法立即持续轧空，就可能形成 M 头这样的盘整盘。但要注意，若没有跌破颈线位或者末升低点，可以不必急着卖出筹码。这里等于是用现在的价位与末升低点之间的差价当作风险成本，赌的是如果这里不是 M 头而只是中段整理，便不会错过后面那一段涨势。

【案例4】 W 底

既然提到了 M 头，这里也顺带提及一下 W 底，因为这两种形态是股票走势中最常见的两种反转形态。

以 2009 年 9 月我于和讯网《盘口圆桌会》节目里盘中实时解盘为例（请参考图 3-12），当时上证指数自 2009 年 8 月 4 日 3478.01 点一路下跌，只在空头力道发挥到第一目标位 2870.41 点时，多头试图止跌走稳，可惜在 8 月 31 日又一盘整区间被跌破，还留下一跳空缺口。由于已经接近了 2500 点，是相对低的指数位，就 N 字理论而言，这里没有追杀的可能，所以可以推断最差的格局就是盘跌盘，甚至只要过了 8 月 31 日这一跳空缺口，就能初步断定 8 月 31 日以后的下跌只是最后赶底，是恐慌性杀出。往往这种情况容易造成头肩底的左肩与底部的出现。如果从力道的角度来看，2870.41 点附近的盘整可以视为一个下跌过程中刹车的动作，8 月 31 日以后的下跌只是下跌的惯性使然。就 N 字理论而言，有了一个很好的观察点位，那就是 8 月 31 日这一跳空缺口，只要指数一填补这一缺口，止跌信号就基本产生了。上证指数在 9 月 4 日补了这一缺口，这时候就可以判定后续将有反弹，不管是否过之前的反弹高点 3004.90 点，都应该有波回调。就头肩底而言是打右肩，就 W 底而言是打第二只脚,所以从 9 月 18 日开始回调时,反而是非常好的买点。我在节目中一再提到 2919.20 点以下是好买点,另一个原因是:就 N 字理论的六分法而言,这一点位以下,风险比较小,跌破最低点 2639.76 点也会有波反弹可以逃命;如果没有跌破最低点 2639.76 点,一个反弹就至少有 400 点的利润。风险小、利润高,就是值得出手的好机会,这就是我一贯的理念。请注意,每次的低位转折点都符合这一观点;而每次高位的拐点基本都是风险高、利润小造成的。上证指数在 9 月 29 日跌到 2712.30 点后开始了一波涨势,当时我说关键在于过了 9 月 18 号的高点之后,看回调是否太深,才能决定后市的涨跌,原因就是用了 N 字理论与形态的分析方法——不论这里是 W 底还是头肩底,形态突破才是成败的关键。要是在 9 月 29 日就能看出图 3-12 中标示 A 的圆形中的情况,那才算是真正掌握了 K 线形态学。要达到这一步,只有 N 字理论能做到。

还有一个例子,抄底逃顶可能是许多人一直想找寻的秘技,其实就 N 字理论而言,有非常简单的方法就能非常完美地处理好这一问题。

股市俗谚说的"不要接下坠的刀子",意思就是在一波跌势中,不要轻易出手买股票,因为现在的低点可能成为日后的高点,形成二次套牢的现象。N 字理论一再强调要先止跌然后才能去找攻击买点,这一概念就已经去除掉许多下跌波段中的一些反弹的信号。困扰投资者是否是底部的最关键因素在于不知道当下是反弹还是回升行情的开始,所以这一止跌信号算是一个非常重要的检验标准。

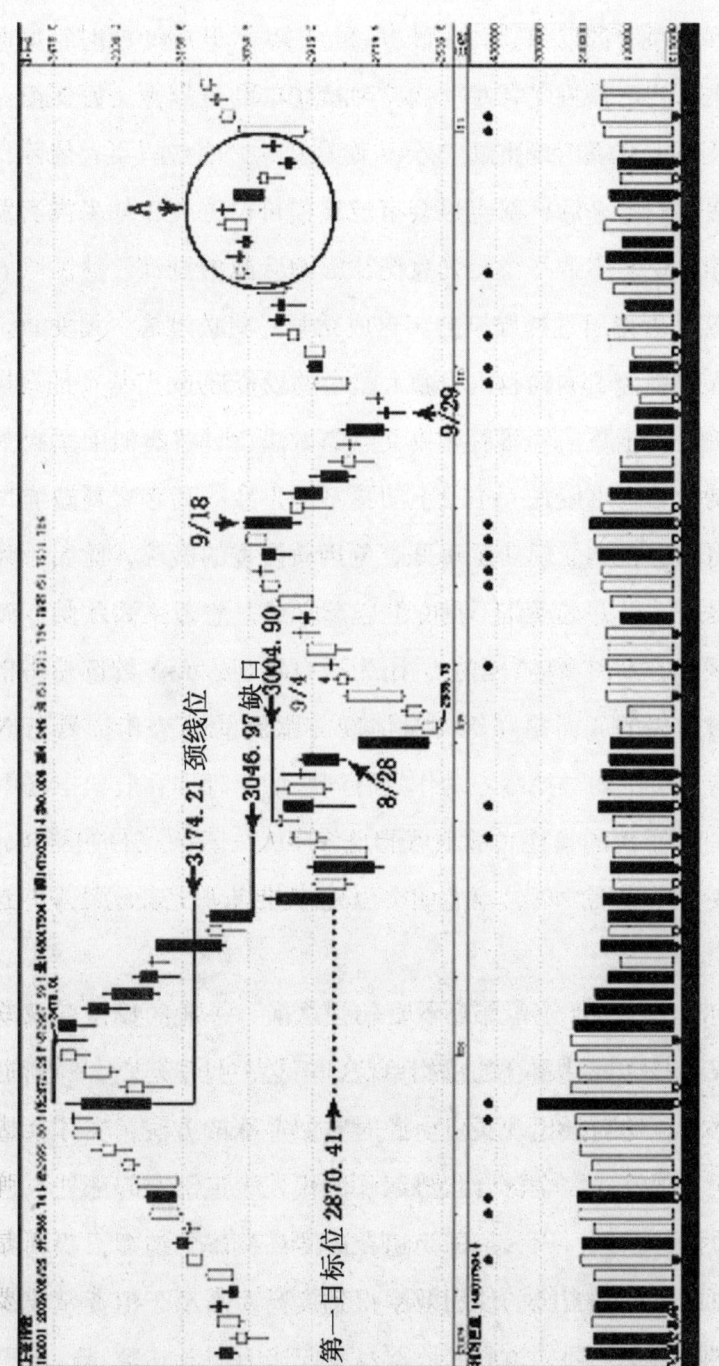

图3-12 上证指数W底

许多下跌中的反弹，其实最多只是止跌，但后续攻击的买点只要不出来，就可让投资者避免抢反弹被套牢的可能性。如果在一波强劲的反弹中，既出现止跌信号，又出现再次攻击的买入信号，请记住每次买点出来后，都会跟着出现止损价位，就算是买错了，损失也是非常小，不致弄得元气大伤，影响后面的投资效益。但如果经这一N字理论所选择出来的买点成功了，就必定是一大段的获利空间，这就符合了本轻利重、赚大赔小的投资理念。

这一先找止跌信号然后再找买点的做法，有些类似中国武术中的以静制动的思维模式——敌不动我不动，敌一动必有其破绽，可以加以阻击；也类似现在运动员避免运动伤害的做法，比如一些高明的球星跌倒时，其动作不是立刻爬起来或是想着不去跌倒，而是朝着跌下去的方向顺势滑出去，因为研究发现，大多数运动伤害不是摔下去造成的，而是跌倒时身体硬与跌倒的趋势相抗衡而造成的，这与柔道中的被摔练习动作具有同样的原理。在股票市场中如果遇到一路下跌的盘态，就让股票顺势跌个干净，等股价相对稳定、空头力道衰竭之后，自然就会出现止跌信号，那时候再考虑进场买股票。

N字理论认为，当盘态还没有转强之前，一般的投资者既不是主力，又不是需要建重仓的机构单位，不必去提早建仓，等到盘态正式转强了，绝对会出现买点。此时看似追涨的方法，实际就是在抄底。这种追涨，完全符合盘势起涨的模式，追涨在起涨处，是这一交易方法的精髓。因为追涨是追在起涨高概率的地方，获利当然丰厚，更重要的是资金的使用效率得到提高，不至于把资金放在一些盘整的股票上。要知道有些股票盘整起来有时长达数年，这段时间资金的机会成本就会无限地放大，如果能多次买在起涨的开始，资金的利用与转换率就能提升，这才是投资金融市场的初衷。

就持仓的时间长短来讲，很多投资者迷惑自己到底该在一路上涨的盘势中反复地高抛低吸，还是用趋势止盈法一路抱到底。

先看一个实际的例子，请参照图3-13。

在2007年年初，我与一位朋友一起看盘时，他所买入的一只股票ST博信（600083），介入的价位在3.00元左右，有趣的是朋友的老婆也买入了该只股票。这位朋友在一路上涨中不断高抛低吸，最后在高点13.00元出现后，全部离场。最后结算该只股票的利润，赚了大概两倍多。由于朋友的老婆没时间看盘，所以听我的建议一路抱牢，在接近13.00元附近时卖出一半筹码，当时由于发生"5·30"事件，该股一路跌停，直到反弹到11.95元附近时她才抛出全部股票，最后结算该只股票的利润，赚了将近4倍。若单纯以结果论，当然是抱牢波段，上涨途中别胡乱瞎整更好，其实，应该更深入地去看整体事件：一是市场环境，2007年是一波疯狂牛市，尤其从2007年开始，ST垃圾股气势如虹，一副浑水摸鱼的态势，狂涨不止；二是若要高抛低吸，自己的下单功力与心态要相当有水平；三是由于国内股市当时的交易成本相对而言偏高。因此，在这三种条件下，抱牢所持股票，赚取波段的获利远超过高抛低吸的策略。而且请注意，考虑这两种操作模式的前提是在一路上涨的趋势盘态下，如果在盘整的盘态下，当然还是短进短出为好。更重要的是，无论采取上述两种模式中的哪一种，当跌破趋势止盈点位时，都应该立刻抛出全部股票。

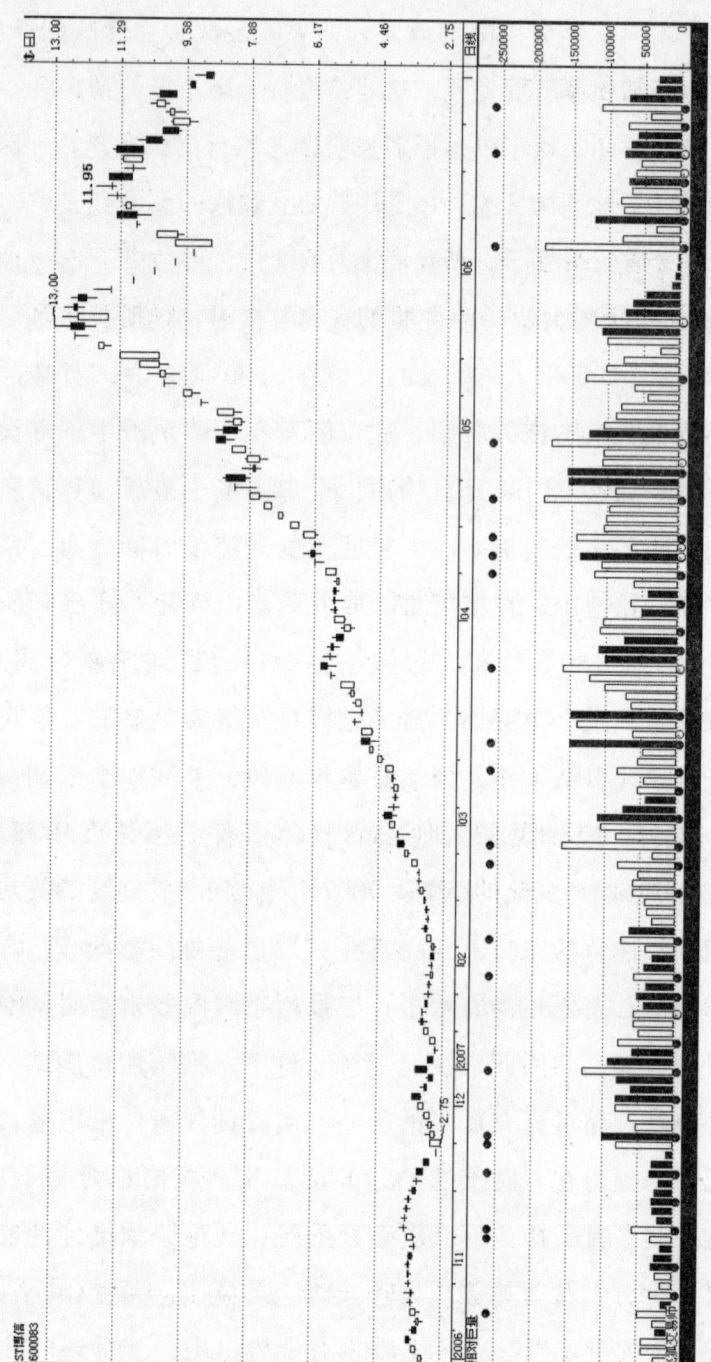

图3-13 高抛低吸是一路抱牢

两个有趣的事例

N字理论应用的范围，远远超越了金融投资的范畴。一般的理论都有其自身适应的范围，也就是应用的前提，但是由于N字理论本身就是一种自然规律，万事万物的变化过程都可以用N字理论来作一解释。

由于我爱看体育比赛，所以就先拿2008年北京奥运会乒乓球男子单打决赛马琳对王皓一战作为例子，讲解如何拿N字理论来看对垒双方强弱势的变化。

先说明一下：下面的几张图，是由双方比数的差值绘制而成的，纵轴上方正数代表马琳，下方负数代表王皓。比赛的规则是：每局的赛点是11分，也就是谁先得到11分（至少要领先2分），或者在11分之后领先对手2分，便拿下该局。

看似每局是分开计算的，但是若连续观察，其实每局的衔接还是暗藏着双方强弱势变化的趋势。为了讲解方便，将连续的两局放在同一图形之中。

图3-14中所显示的是第一局与第二局的得分分差图。刚开始马琳落后1分，然后马琳追了1分，两者分差为0；接下来，马琳连续得分，超越了王皓，领先了3分。用N字理论解释，从负1分追至平分（也就是分差为0）时，N字理论称为补缺口，此时王皓应该出现反扑，可惜没有，反而让马琳持续得分，把分差扩大到了3分。接下来王皓的一轮抢攻，将比数又拉成平手。此时又是一个关键位置。可惜王皓没有乘胜追击，让马琳守住了

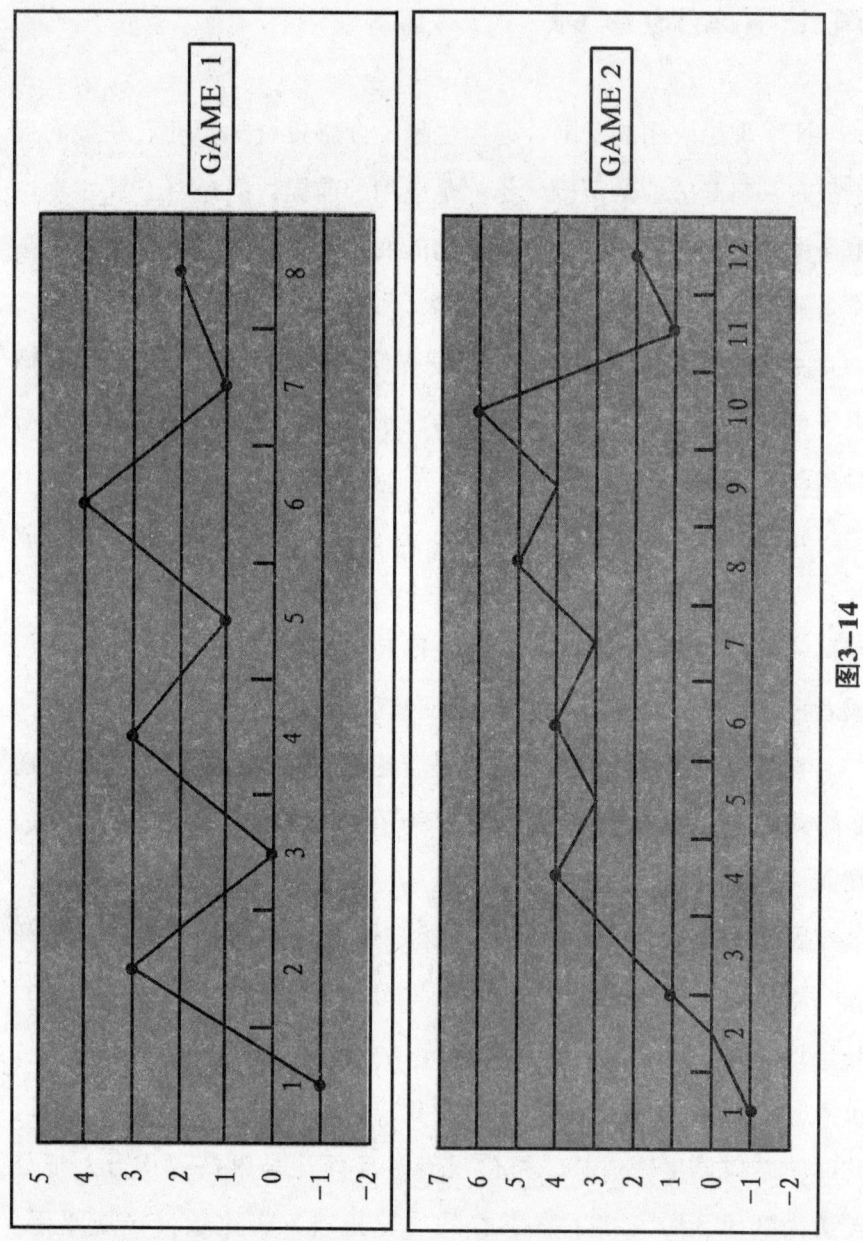

图3-14

这回档的关键点位（也就是横轴标示为3的地方）后，变成了马琳持续得分。虽然比分上形成拉锯之势，但低点越来越高，高点也越来越高，形成了一个上升趋势通道。在尾盘（横轴标示为7的地方），王皓有一次可以做成倒N字形态的机会，也就是王皓如果能再次打成平手，至少第二局会有很大的胜算。第二局开局就如第一局一样，补缺不回，让马琳直接轧空。别看马琳一直领先着3分以上的优势，在尾盘（也就是下面那局横轴11的地方），已经暗示着双方力道的变化。王皓虽然输了这一局，但最后的追分，让马琳在得分上作出了一个倒N字，也可以说跌破了末升低点。这些都预示了第三局马琳必须非常小心，否则王皓就会反扑。这里如果用N字理论来解释，就是跌破一形态后，必须产生多头抵抗的行为。多头抵抗有成功与失败之分，这就是一个多头抵抗失败的明显案例。

图3-15上半部是第二局，下半部是第三局。第三局开局反而是马琳先得分，然后王皓没有拉大领先分数，还在底部让马琳做了一个类似W底的反转形态。关键就在于图形横轴6、7的位置，王皓顶住了马琳的反扑，在横轴8的位置形成了一个破底追杀的格局，将本局最大分差从2一路拉大，并且领先到这局结束。在图3-15中所标示的横轴8、9的位置，也是一个跌破了横盘整理的格局。只要是跌破一个形态，就N字理论来讲，多头必须抵抗，抵抗失败就是追杀盘，由此也可以知道为什么每次超越比分时总是容易陷入僵持状态。经过了僵持阶段后，就看哪一方的技术与意志力可以坚持到把对手压制住，然后就会呈现一边倒的情况。

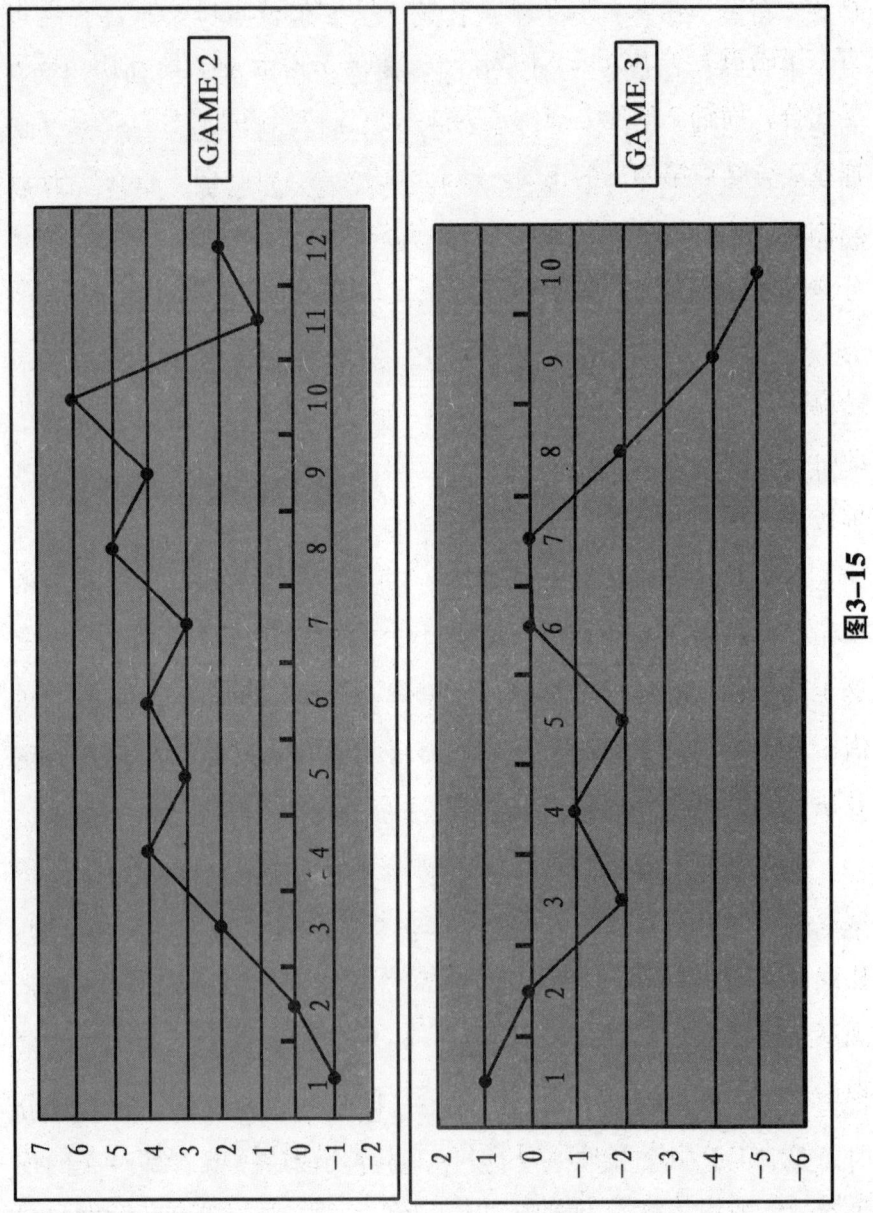

图3-15

第3章 N字理论的实战性

图3-16上半部是第三局，下半部是第四局。第四局开局马琳领先2分后，就被王皓反超。第四局的关键就在于横轴4、5的地方，王皓没有扩大战果，拉大分差，竟然在横轴6的地方让马琳扳平比分，横轴7的地方回到了类似V形反转的颈线位，随后让马琳连拿2分结束第四局的比赛，至此总比分为3:1。图3-16横轴7、8之间，多头突破V形的高点后，空头应该要抵抗而没有抵抗，让分差扩大到比赛结束的2分。

图3-17上半部是第四局，下半部是第五局。第五局一开始王皓就被马琳压制住，分差持续扩大，最大分差到达5分，可以看出此时马琳的气势已经超越了王皓，最终的结果已定，马琳获得了男单比赛的冠军。

以上是该场比赛的大致过程，当然其中包含了两位运动员的技巧与心理素质，还有当时临场应变、作战方针等影响因素，但这里只是就比赛过程来讲解两军对垒时气势消长的一个过程，也借由这个案例说明N字理论中的许多观察盘面力道与趋势的一些看法。

由这个例子也可以看出，N字理论是可以把以前我们只能抽象形容的一些力道与趋势，或者是此消彼涨的态势，予以量化说明，让我们懂得了如何去找出重要的关键点，然后我们也知道该如何去观察关键点位的一些足以扭转乾坤的变化过程。这个例子也是N字理论可以放诸四海皆准的一个例证与应用。

另一个活用N字理论的例子是销售业绩的规划。这听起来好像是风马牛不相及的两件事情，但其实任何可以画成波动线图的，都能拿N字理论来解释。

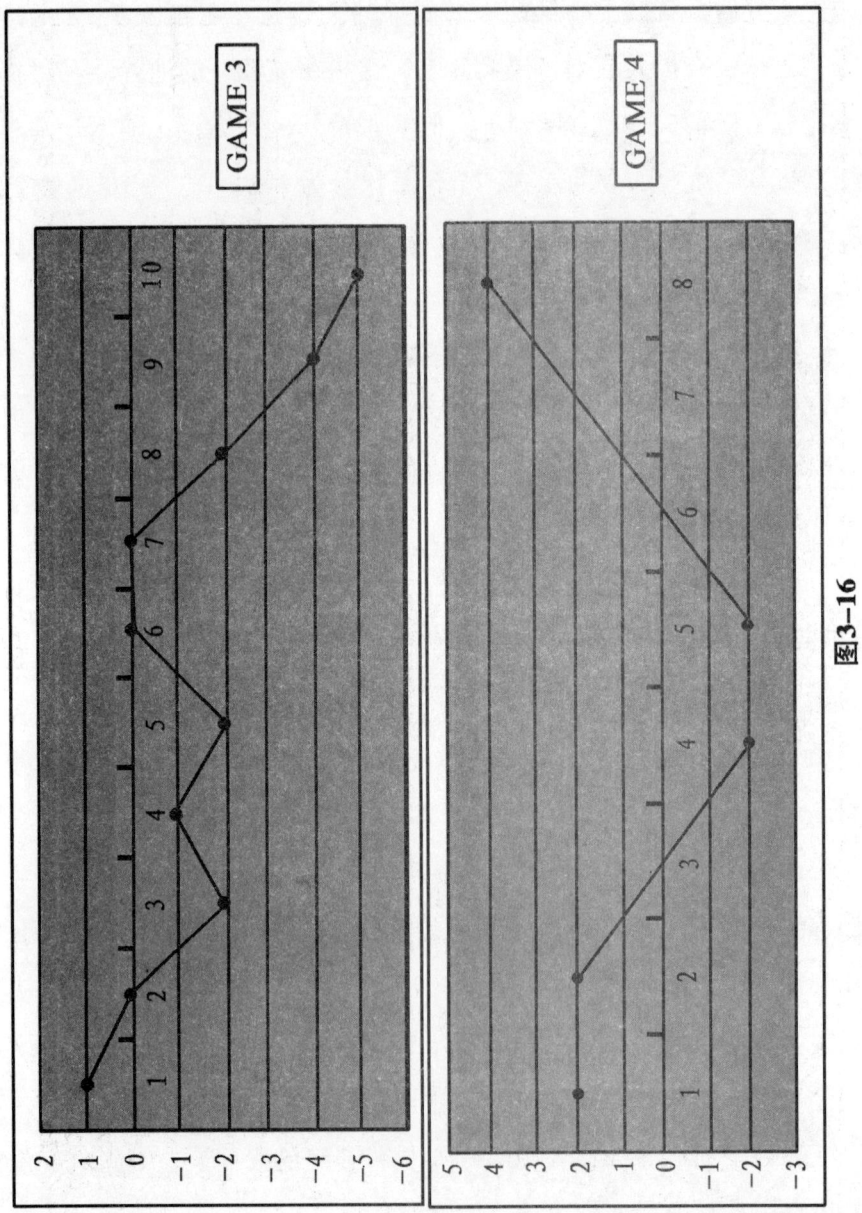

图3-16

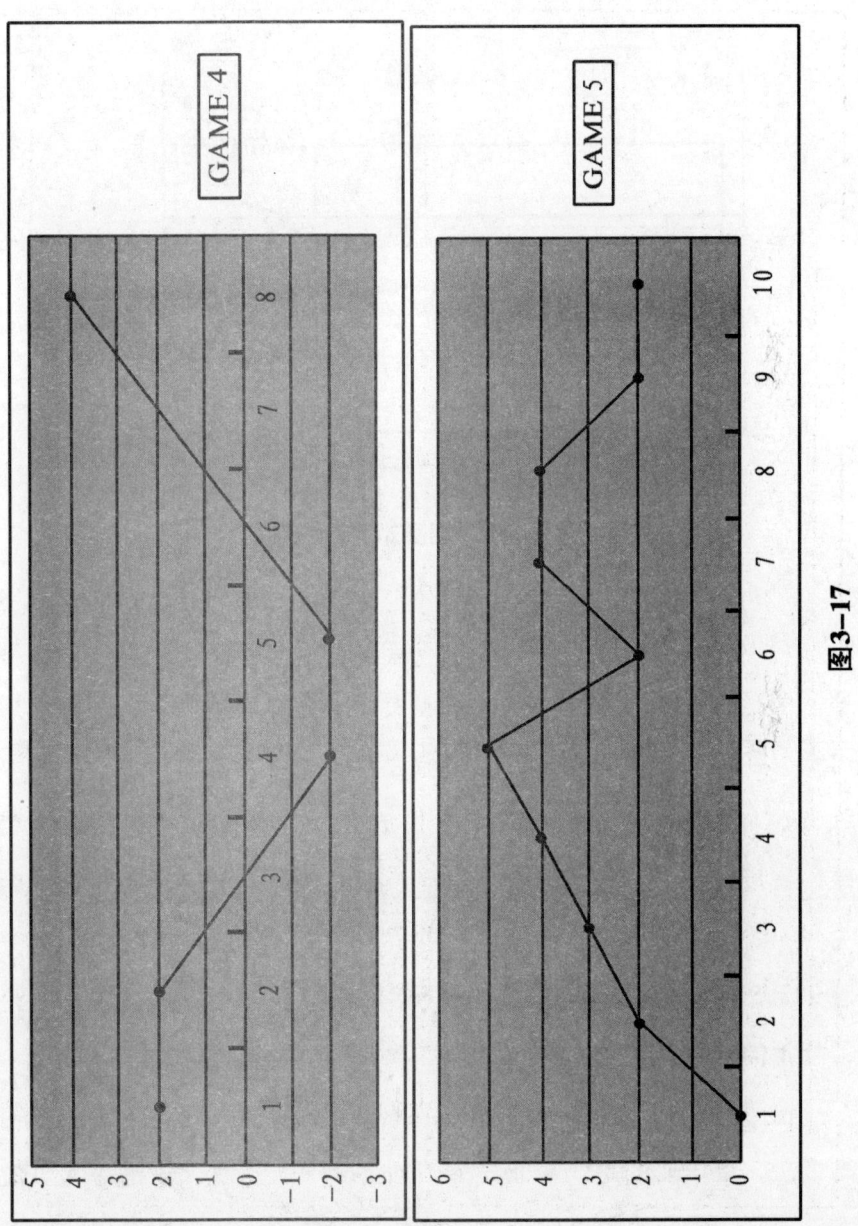

图3-17

如图 3-18 是一张销售业绩图。

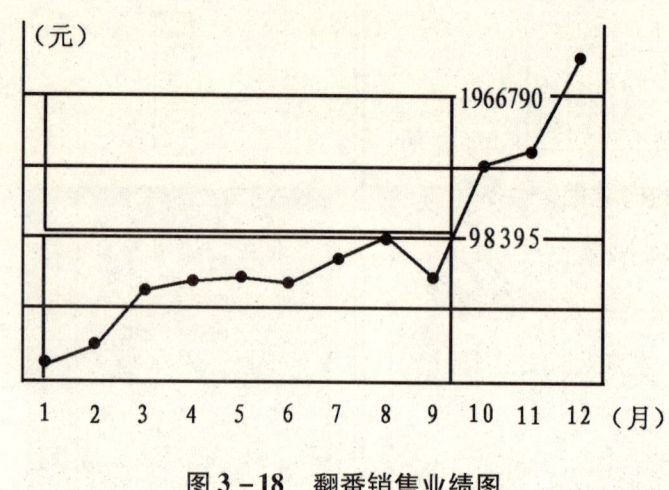

图 3-18 翻番销售业绩图

我最早看到这张图表是 8 月份,也就是业绩达到了 98395 元的那一个月份。当时我跟销售人员聊天,了解到该销售人员担心之后由于一些主、客观因素,可能业绩会有所衰退。我对他说,只要不跌破 6 月的销售业绩,别让图形形成倒 N 字,非常有可能向上突破,直接轧空到达翻番的业绩量。该销售人员当时觉得不可能,因为 98395 元已是销售业绩的新纪录了。在接下来的几个月中,在突破 98395 元前高后,该销售人员仍然不懈怠地努力工作,果然取得了翻番的成绩。

在第一次看该销售业绩图时,我所用的就是 N 字理论中的堆箱测量法。更重要的是,在业绩突破前高 98395 元时,该销售人员没有停下来,而是一鼓作气地往翻番的目标前进。这其实跟很多股票轧空的走势相同,重要的观察点就在于创新高或者过前高后的行为表现，在过关的当下其实就能预判后市的大概走法，这就是 N 字理论能够预判盘态的一大特点。N 字理论借着基本攻击形态与攻击时的一些行为特征，再加上目标位的测量与行进间力道的研判，就能看出一个趋势在发展过程中是否会出现不正常的状况。买入股票后，在持有的过程中也能时时检验某一段的攻击是否持续，保持步步为营的警觉性。

什么是转折点？多头攻击力竭之处就是头部转折点，空头攻击力竭之处就是底部转折点。所以，一个波动的过程，不管是头部还是底部，或者处于该波段的过程中，都能拿 N 字理论来观察其中力道的变化。

什么是趋势？就是多方与空方两股力量看谁主导市场，以及主导市场的力道是否发生了改变，只要此消彼涨到了一个极致，市场方向就会改变，头部与底部都是这样产生的。

为什么 N 字理论可以解释球赛的节奏与多空力道的消长？又为什么能够观察销售业绩的成长变化？其原因在接下来的第六章中会作更深入的探讨。简而言之，N 字理论其实就是宇宙间的一个自然规律，唯有如同"道"一样的真理，才能解释万物与本身变化的情况。

第 4 章

N字交易系统

N字交易系统源于N字理论

了解N字交易系统

N字交易系统的实战表现

N字交易系统源于N字理论

N字理论中的N字形态有其自身的定义，K线图上类似这样转折造成的N字形态不一定都是N字。必须经过N字理论中相关的定义严格检验才能找到真正的N字与倒N字攻击形态，过滤掉许多类似N字但是没有攻击行为的形态。

经过了N字理论严格定义后，在使用N字理论看盘时便没有模糊不清的点位。每一位学员只要学过N字理论基本定义后，所找出来的N字都是一样的，也因此有了一个优势，那就是N字理论完全可以用计算机编成的程序运用于实际操作当中。正由于这一优势，我花费几年时间先开发出适合学员学习完N字理论之后用于自我检验学习成果的"N字学习套件"，又在"N字学习套件"的基础上，开发了能让完全没有学习过N字理论的人群使用的"N字交易系统"。就我多年教授N字理论的经验，要培养一位学员学会使用N字理论于实战中，并在股市稳定获利，至少需要半年至8个月，长的话可能需要一年半的时间才能让学员达到这一学习目标——这还是在学习工具齐全后，学员本身愿意花时间与精力认真琢磨的前提下才能做到。

也许是因缘具足了，得以将N字交易系统开发成功，使用者不再需要花费那么大量的精神与时间去学习N字理论，也能将N字理论应用于实战中，直接在股市中赚钱。

理论唯有经过实践的考验才能成为真理，才是值得依循的交易法则与理论。N字交易系统开发完成，也能让世人一目了然地立刻看到N字理论的各个强项。N字理论除了能明确定义出各个关键点位之外，还能够在出现买点时清楚地标明风险与利润，因为一旦形成N字后，就代表着是一上攻的形态，这就如同常见的一些底部形态一样，W底或头肩底突破后，就可以开始量测目标位。N字形态由于是最小攻击形态，所以在起涨之初就能找到进场点，不至于像其他底部形态必须等底部都打完了，那时可能早就错失了很多买点。N字形态更重要的是止损位不但合理，而且这一止损位还非常接近突破当时的价位，所以N字理论能保持每次出手时都具有风险有限而利润无限的特质。有了合理的止损价位与量测目标，也就有了风险利润比的关系，因此N字交易系统可以进一步凭借风险利润的比例关系，推导出每次出手时该拿出来的资金量。唯有通过与盘态紧密结合的资金管控比例，才能真正实现资金管控，才能将风险利润比与资金管控联动起来，也就是随着盘态的变化而改变资金投入量，不只是固定地照着某一比例投入资金，这样才算是一套好的操盘法则。

N字理论可以研判出各种盘态，这又让N字交易系统多了一种优势。如前所述，从事金融商品投资，最先该知道的，也是最难预判的，就是盘态，只要知道了是什么盘态，买与卖、持仓多久、怎么持仓就变得非常容易了。

N字交易系统秉承了N字理论的交易理念和优秀特质。下面，我们将更深入地了解什么样的交易系统才称得上好的交易系统，以及N字交易系统的不同寻常之处。

了解N字交易系统

一个技术分析理论的实用性，必须将其应运于实战中，可以稳定获利，这是一个股票技术分析理论值得推广与存在的首要条件。就如同改革开放初期我们提出"发展才是硬道理"一样，股票理论也该是如此检验，"赚钱才是硬道理"，否则理论就会陷入空谈。

若某一股票理论或技巧只能适用于某些特殊的盘态，不具备全面性，那使用时就更需要使用者去分辨其适用的范围与盘态。操作股票或者金融产品所依赖的理论与方法，最立竿见影的检验方式就是使其变成一套交易系统。

从理论到可以应用于实战的差距其实是很大的，再从人为实战总结出高胜率的交易系统又是另一个层次的事情。很多看似可以用眼睛判断的情况，要能用计算机程序解决它，其中的艰辛非开发过交易系统的人不能体会。所幸的是，N字理论本身的逻辑性与清楚的定义，使我在开发 N 字交易系统的过程中感觉比开发其他交易系统容易许多，当然，为了使 N 字交易系统提供准确的买卖信号并使之成形，甚至成为可上市销售的成熟产品，我也耗费了相当多的精力。

我在开发 N 字交易系统前，已经将 N 字理论验证于各国股市与期货外汇市场，并取得了相当不错的结果。相对于其他开发交易系统者的优势在于，可能其他的交易系统开发者要等系统出来后再一步步修改参数或是提取高胜率的信号，而 N 字交易系统在开发之初，就采取了没有参数的开发方向，所使用的交易买卖信号已经是高胜率的买卖信号，所以开发交易系统后半段的优化工作相对轻松了许多，甚至在优化的过程中发现了许多前所未有的一些高胜率买点信号。

当然，开发的道路是没有止境的，"N 字交易系统"还会继续用人工智能的检验方式，提高胜率并进一步优化，走向更完美的阶段。

在开发"N 字交易系统"中，我还发现了更多有用的实战法则，这对 N 字理论的完善与持续提高也起了很大的作用。

在谈及 N 字交易系统前，有必要先将交易系统与一般指标的差异作一如何区别的介绍与讲解。

众所周知，指标与一完善可行的交易系统相比较，相对来说，设计指标容易得多。一般指标无非是将基本的开盘价、收盘价、最高价、最低价与成交量作一数学运算，然后进行发出一些买入信号与卖出信号的处理（例如常见的移动平均线指标，当价格升到某条移动平均线时买入，当价格跌破某条移动平均线时卖出；

又例如 KD 指标，在黄金交叉时买入，在死亡交叉时卖出），最后再经过一些参数的优化，或者利用一些统计学的技巧，找出合适的前提与适应的盘态，就能形成一个指标。所以，一般的指标只是在没有获胜经验及受限于指标本身所适用的前提的情况下，一再优化的结果，因此也会让依赖指标者一直在死胡同里面转，只是一味地在受限的环境里追求所谓的精准度，无法发展成更大的体系。

一个完整交易系统必须包含以下几个部分，或者说以下几点是检验一个交易系统的基础标准：

（1）哲学思想（整个交易系统之魂）。

（2）交易系统的适用性。

（3）买卖信号（止损、止盈）。

（4）风险与利润比。

（5）资金管理的策略。

一个完整的交易系统必须有其自身的哲学思想，也可以说是其中心思想，就是该交易系统的灵魂，否则，一套交易系统是无法继续改进与历久弥新的。而这点往往被交易系统开发者所忽略，一般开发交易系统者都陷入了提高胜率与找寻高概率的买卖点的工作之中，没有先确定其交易系统的"根"。有了"根"，整个系统才能茁壮成长。

N 字交易系统就是以 N 字理论为中心，所有的买卖信号皆来自 N 字理论，其操作手法最主要的标准有两个：一是大赚小赔，随时不忘风险与利润的比例关系；二是将进出买卖点的胜率与风险利润比这两项数据及资金管理联动起来。"N 字交易系统"的开发道路

第4章 N字交易系统

就是这样坚守着一个中心思想、两个标准走过来的，因此虽然可能绕了些技术上的弯路，但总不至于离题越来越远。

N字交易系统中的买卖信号与进出的手法，就是基于N字理论放诸四海皆准的特性，再配合我总结出来的能在股市长久生存下去的以上两个标准，为使用者稳定获利提供了保障。

第一个检验交易系统的标准就是：一套完整的交易系统其中心思想必须具有能放诸四海皆准的哲学依据。

这样说似乎非常虚无缥缈，其实不然，这里所说的中心思想或者哲学思想，就是开发该套系统的理论依据。一套交易系统必须有过硬的理论作为依据。每当我在开发N字交易系统出现迷惑之时，最常用的方法就是回头去细细思量N字理论的一些基本定义，这就像新学员遇到问题时，我最常提醒的一句话就是去看基本定义。每每在思索定义时，解决的方案就出来了，从中也对N字理论有了更深的体会，甚至发现了前所未有的一些战法，也因此对N字理论的内容有了更深的了解。所谓万变不离其宗，也就是这个道理。无论是新的战法还是交易操作手法，最后还是离不开最初的N字理论。

我在学习N字理论的时候，许多李进财教授的学员与我交流学习心得，有些学员从事的是高科技的IT产业，在工作车间必须常常监视工厂的仪表，仪表上显示的多为Sin函数的上下起伏波形走势，因此有学员对我说，怎么每次在仪表上出现异常情况前，用N字理论似乎可以预见，我回答说因为N字理论其实就是宇宙波动的一个大原则，任何可以画成波动图形的，都可以拿N字理论来解释。

第二个检验交易系统的标准就是：该交易系统必须能满足所有的盘态。

投资者应该知道市场其实只有三种盘态：不是牛市就是熊市，要不然就是盘整市。单边的牛市就像 2005 年年中至 2007 年 10 月，这波牛市后，紧接着就是 2008 年走了几乎一整年的熊市，再接着就是从 2008 年年末开始的盘整市。我在拙著《技术分析指标详解》中一再提示读者，在使用指标前应先看清楚盘态，盘态看清楚了，该用哪种指标心中就有了谱。大原则就是盘整盘时用摆荡指标，例如 KD、RSI 等；遇到单边市场，不论牛市或熊市，都用趋势指标，例如移动平均线或者由移动平均线衍生出来的 MACD 等指标。交易系统应该能接受这样的检验，即一套完整的交易系统必须能自我适应牛市或熊市的单边趋势市场，同时也能适应盘整市。

以指标为基础所开发出来的交易系统，往往顾此失彼，在单边的市场可以应用自如，绩效卓著，但是遇到盘整走势就捉襟见肘，买了就跌，卖了就涨，例子如图 4-1。

图 4-1 中，左半边的图形一是上涨的趋势盘，紧接其后的就是一个下跌的趋势盘，再接下来就是盘整盘。请注意，图中不论是上涨还是下跌的趋势盘，用趋势指标移动平均线（除了短周期的 5 日平均线以外）作为买卖依据都相当稳定，但是若在这趋势盘里用副图指标中的摆荡指标 KD，就会出现高档钝化，如果在超卖区 KD 值大于 80 的地方卖出持股，反而会踏空一大段行情；图 4-1 右边的图形是盘整盘，如果用均线系统，除用 5 日均线外，其他均线都容易造成买卖信号过于频繁的问题，但若在盘整盘中使用摆荡指标

第4章 N字交易系统

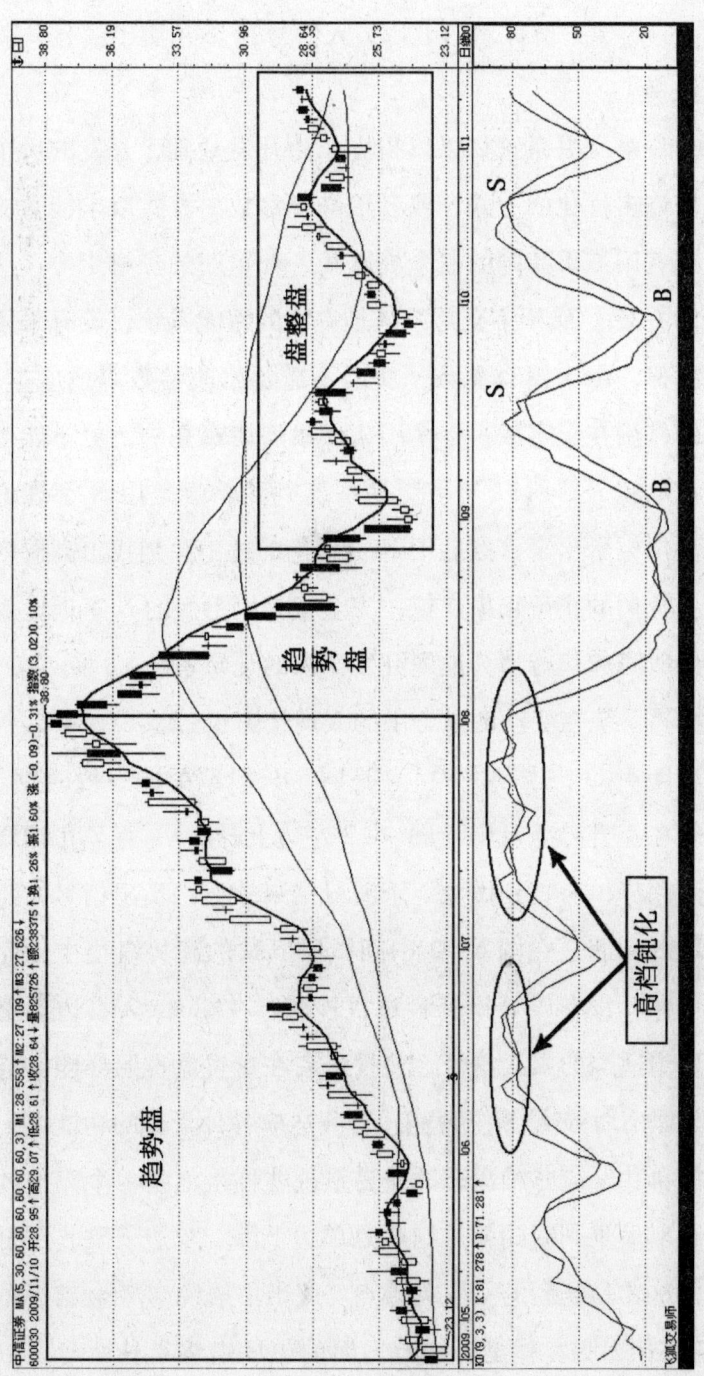

图4-1 趋势盘与盘整盘

KD，请看图4-1中所标示的B（买入信号）、S（卖出信号）就会相对稳定许多。

所以，许多交易系统如果以指标作为开发基础，开发的后半期就必须采取许多优化的方式，或者用修改参数的方式以求能适应各种盘态，或者用三重滤网的概念规避某一种短期的盘整走势，这些都是可行的方案。而N字交易系统是完整的智能系统，没有采用带有参数的指标，由于没有参数，所以不需要修改参数以适应盘态。交易系统的作用在于实战，不是用来做事后诸葛亮的，更不能产生未来数据以欺骗人，所以N字交易系统一开始就是用N字理论把每一关键点位标示出来，然后用N字理论的进出法则找出高概率的买卖信号与合理的止盈止损点位，完全就是以不变的N字理论操盘法应万变的股海起伏行情为准绳开发出来的交易系统。

N字交易系统在变动的盘态中的表现见图4-2。

请比较图4-1与图4-2，这是同一只股票的同一段时期。N字交易系统在上升趋势盘中（图4-2左边上升段），止盈止损线智能式地跟随趋势，一直到做头下杀波段结束才发出卖出信号，赚取了整个波段的利润；在图4-2中间整段下跌的趋势盘当中，完全没有买入信号，没有误导投资者盲目抄底；在图4-2右边盘整盘中，也能发出适当的买入信号，使投资者在盘整盘也照样能够稳定获利。这就是N字交易系统智能式自我适应各种盘态的功能。

唯有能自我适应各种盘态的交易系统才称得上是一个完整的交易系统。股市最难判断的就是到底是单边上涨、单边下跌，还是盘整的格局，这才是获利的一大关键点。股市俗语说"千金难买早知道"，早知道什么呢？就是要知道后面的市场走势是什么盘态。盘

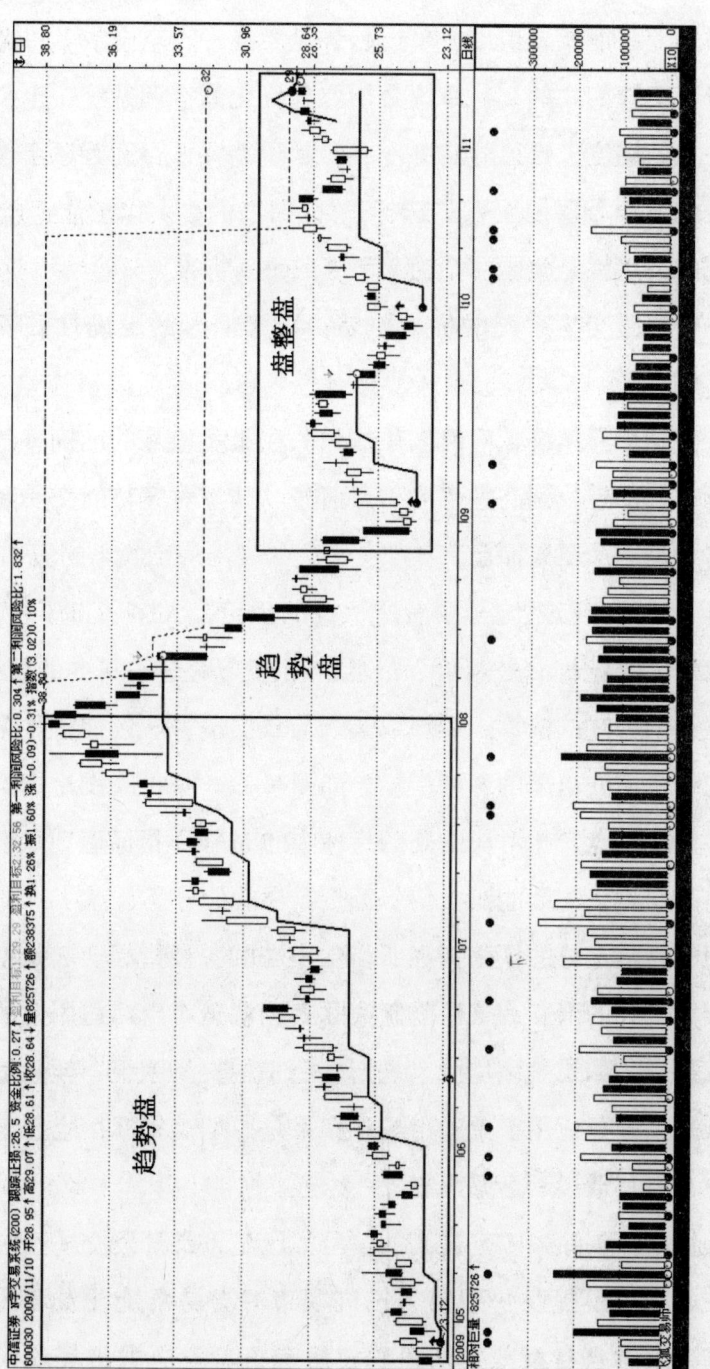

图4-2 具有自我适应各种盘态智能的N字交易系统

整盘在操作上只能快进快出，单边趋势盘才能一直空仓或者一路持有。所以真正智能式的交易系统必须像现代化的空调系统，至少要能测知现在的温度，自己开启制冷或者制暖装置，否则若还要像电风扇、暖炉那样需要使用者去选择，那还何需交易系统呢？所以，交易系统的适用性是检验一个交易系统的重要标准。

第三个检验交易系统的标准就是：买卖信号的准确性和安全性。

对于一个交易系统，一般人往往只关注买卖信号的准确率，原因在于所有人都想找到高胜率的买点信号。其实对完整的交易系统而言，这只是一个要素而已。

但是一般的交易系统开发者所依据的理论，大多来自于指标，即将开盘价、收盘价、最高价、最低价与成交量这些基本的数据，通过一些数学公式的演算，表现成买入与卖出信号，例如，常见的移动平均线所演变出来的各种指标。如图4-3，请注意图中方框所处的盘态是盘整盘，相对应的副图指标中的MACD指标遇到盘整盘便显示出其弱点，连续的买卖信号都是错误的信号。

适用于盘整走势的摆荡指标所衍生出来的各种指标，起始点就受指标演算公式的限制，这些限制实际上也就是对指标适用性的限制。也就是说，如果是由均线系统衍生出来的交易系统，就只适用于趋势盘态，即只适用于单边市场；如果是由摆荡指标衍生出来的交易系统，就只适用于盘整盘态。

取其精华，去除失败率过高的信号，这是正常开发交易系统的情况。在此不得不提及一些较为投机取巧的交易系统开发者的情况：有些开发者自身可能都还没法在股市或者说金融市场稳定获

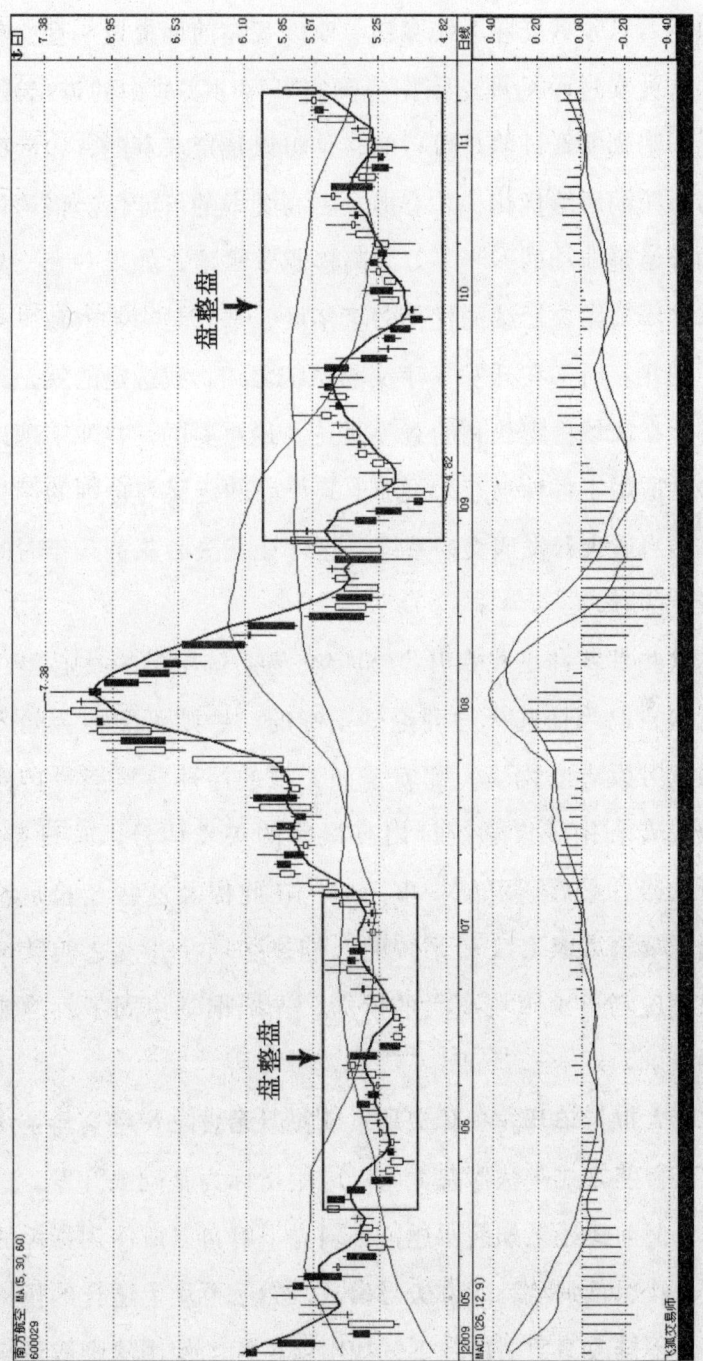

图4-3 适用于趋势盘,由移动平均线衍生出来的MACD指标

利，就只想着开发些交易系统骗钱。所以我在前面提及一套交易系统必须要有扎实过硬的理论依据与确实可行于实战中的进出法则，这些理论与法则实践证明是可行的，是可以稳定获利的，才能确保一套交易系统的后续优化，才有提升更高胜率的可能性。俗语说得好，好的开始是成功的一半，万丈高楼起于平地，如果一套交易系统的根基都不稳固，后续的优化乃至拓展，都只是缘木求鱼，越优化越找不到北。所幸在开发N字交易系统之初，我选定的就是经过验证确实能在市场稳定获利的N字理论，最重要的是，N字理论本身的完善性适用于各种盘态，再加上其严谨的定义与合理的逻辑推理过程，相当适合开发成交易系统，这才让我决心花费几年时间开发N字交易系统。

　　上述这些其实都是我在开发N字交易系统中的一些心得，越往后越觉得自己当初选择的理论是正确的，否则可能也会陷入一般交易系统开发者的困境，那就是如无根的浮萍，只能一再地去优化参数或者利用统计学统计出高概率的买卖信号，旷日持久，而且事倍功半，最后还可能一事无成。在此提及这些经验是希望提醒后续想要开发某套交易系统的人们，必须在开发之初就慎选所依据的理论与进出市场买卖的依据，先把根基稳固了，才能盖起高楼大厦。

　　也许有人也希望开发一套交易系统，但无法像N字交易系统这样采取人工智能方式辨认形态，而以应用指标为基础去开发，这也是可行的，但前提还是如前所述，必须先了解自己所使用指标的适用盘态，先找出预判盘态的方法与模式，然后再用上适合的指标系统，在尽量不修改参数的前提下，找出该指标的使用法则或者高胜率的应用方法，这样可以减少后期开发过程中优化所花费的时间与精力。其实整套交易系统开发的时间也许差不多，只是用指标作基础的交易系统，前期花费的时间较智能辨识系统少很多，但是到了后期的优化过程时，智能辨识系统的优化过程就相对会方便许多，而且其挖掘的广度与深度绝非以指标为开发基础者所能望其项背。无论是以理论为基础采用智能辨识形式还是只用指标作为交易系统的基础，一套交易系统最基本的精神必须是一致的，那就是风险利润与资金控管的联动性。

我坚信任何的买卖点必须先找到止损或止盈价位，买卖信号才有意义，所以本书在提及N字理论或N字交易系统前，先提及风险利润比的概念，因为我从二十多年的交易经验中总结出来的一点心得就是每次交易必须保持大赚小赔，才能在金融市场与股票市场长期稳定获利。因此，如果在买点出现时没法找到合理的止损价位与利润评估点位，这样的买点宁可放弃，原因很简单，因为那会让人心里没底。什么是恐惧的根源？就是对未来的无知。如果连最差的情况，也就是最多能损失多少都能先评估出来，那损失自然就在可控范围内。

投资应该在可控的范围之内，配上合理的趋势止盈法，每次要赚就赚一个波段，每次止损都控制在一合理范围之内。一般N字交易系统将风险控制在总资金的2%~3%，换言之，每次止损的额度只有总资金的2%~3%，这也符合江恩所言每次止损最多不能超过总资金10%的操作戒律。

适合的止损价位与止盈价位的设定不只取决于买点信号，在趋势跟随的过程中，每次止盈点位的抬高是一大关键，更是一大学问。止盈点位与现在价位跟随得太紧，会造成一个小幅的震荡，或者在上涨途中遭遇一个洗盘动作就被迫止盈出场；如果设得离现在价位太远，等到需要止盈时可能已经少赚了上面的一大段。所以，每次趋势形成后的止盈线的跟抬，必须考虑上涨时关键的 K 线与支撑价。即使遇到上涨途中的洗盘动作，主力也不会把这一关键价位洗破位了，因为有些关键价位一旦跌破可能会引发所有的卖压出笼，只要是成熟点的控盘者，就算是洗盘也会坚守某些价位。从另一个角度看，这些关键价位基本都是在上涨途中多头造成的支撑位，上涨途中回测支撑位是可能的，若洗盘后（或说测试支撑位后）还要持续上攻，就绝不会跌破这些关键价位。找这种关键价位所依赖的原理还是 N 字理论。

第四个检验交易系统的标准就是：是否控制好风险利润比及做好资金管理。

坊间一般的交易系统在这些方面各有擅长。世界上最著名的关于资金管理的交易系统当属海龟交易法。该法的创始人、著名的商品投机家理查德·丹尼斯于 1983 年招募了十几位学员，也就是俗称的"海龟"，从 1984 年年初开始，理查德·丹尼斯拿出自有资金，让"海龟"们操作。据 1989 年 9 月《华尔街》期刊称，该方法取得了 4 年中年均复利 80% 的惊人收益。该方法利用了 ATR，也就是价格的波动率，加上资金管控，就能获得如此惊人的收益率，因此证明这是一条可行的道路。由于"海龟"们交易的品种多为期货商品，期货的定价模型与公式在当时已成型，因此当时的许多技术分析派开始关注波动率这一指标，"海龟操作法"正是以此作为买卖的操作法则。但请注意，采用波动率就避免不了有平均值的参数，一般标准是取20，可是每一种商品、每一种股票，甚至每一种盘态其实都有不同的波动率参数。简单地说，每一种股票有其自身的股性，有的股票走得非常红火，追杀轧空走势凌厉，有的股票就像行动迟缓的蜗牛，涨跌幅度都不大，就算是在大牛市里，也是采取能阶模式上涨，也就是上涨一段后就开始横盘，然后再上涨一段，再横盘一段，如图4-4所示。请比较图4-2中左半边的趋势盘与图4-4中能阶式上涨模式，光是这两只股票的走势，其波动率适用的参数就该优化。或者用另一种方式避开这一缺陷，那就是找出波动率的一致性行为特征，也就是说先固定参数不动，然后去统计在哪种情况下的波动率成功率最高，最后才发出买入或卖出信号。

相较于海龟交易法，能够智能地适应各种盘态，是N字交易系统的强项，而且N字交易系统的买点，都会有可以依据的止损价与目标价位，风险与利润就此产生，然后将风险利润比与资金管控进行联动，最后看到的结果就是风险小而成功率高的地方，系统建议持仓的量会比较大；风险大的地方，系统会自动告知降低仓位，让最终的资金风险永远控制在2%~3%。再加上止损位合乎N字理论波动原理智能抬高，跟随趋势，还有与目标价位的紧密结合，最终达到风险可控、获利无限的要求。算笔账给大家看，大家就会明白了：假设每次亏损都保持在总资金的2%，起始资金为100万元，第一次亏损，本金剩98万元，连续两次亏损，本金剩下96.04万元……依此类推，连续亏损10次，最后本金剩下81.70万元左右。一般投资者要连续亏损10次还真不是件容易的事情，何况每次的买入信号都是经过高胜率统计的，还有

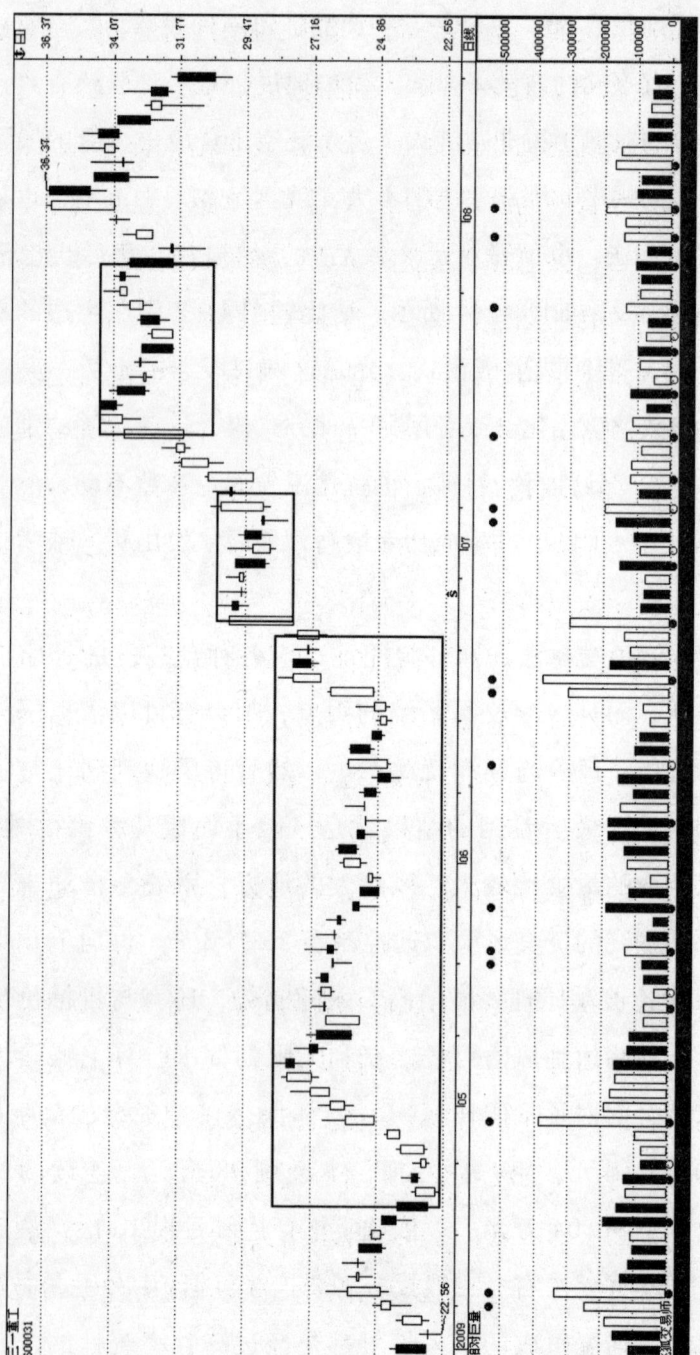

图4-4 能阶式上涨模式

就是，若是赚都是赚一波段，每次获利的比例肯定超过2%，甚至几倍于这个数值，长久下来肯定能稳定获利。

一套交易系统达到此目的的一个基本要求是投资者愿意相信交易系统，就算是真的连续亏损几次，但由于知道自己总资金最多会损失一点点而已，会愿意继续坚持下去，如果长期跟随该交易系统的买卖信号与持仓比例进行操作，肯定可以获利。

一套交易系统最怕遇到自作聪明的使用者，详细的论述请看本书关于交易心理部分的章节，在此先总结一下：交易系统使用者或者某一成熟的交易理论与法则的使用者，还会亏损或者犯错的原因，根源就在于信心二字。就如前述，为什么投资者没法在该止损的点位及时出手卖出持股，一个原因是找不到合理的止损点位，也就是说进场买股票都是冲动、盲目的，根本没有操作方法，更谈不上操作纪律，买入时根本没有考虑止损位，只是用自己的希望去下单，希望买入后就立刻大涨，没想过如果买入后下跌该怎么办；另一个原因是没有操作依据，所以几次勇敢地止损后，其得到的经验是每次卖出股票都恰巧卖在起涨点，长此以后当然不相信止损的做法是正确的。

一个好的交易系统必须考虑使用者的心态，如果在使用交易系统前就先告知使用者每次止损最多损失多少，但是获利可能是无限的，那使用者当然敢在止损多次后依然相信该交易系统，继续使用该交易系统。所以，交易系统开发者必须考虑这一影响交易系统使用成败最关键的心理因素，不能一味地指责使用者为什么不继续相信该交易系统，为什么不严守操作纪律。如果每次亏损都占总资金量的一半，谁还敢用呢？

前面所讲的是没有好的操作依据与理论的情况，如果有一套好的操作法则或者交易系统，还是不好好照章操作，除了自作聪明外，还真没别的原因。一个好的交易系统与理论，绝对是经过长时间的锤炼，于大量实战经验中总结出的精华，看似最后只是简单的买卖信号或是几条线，其实其中所蕴含的早就是高胜率的信号，或者是几十年的操盘经验的总结，绝对胜过一般投资者的认知，是能保障长期稳定获利的模式。

对于上述会造成一个交易系统使用者犯错的可能，N字交易系统在设计中就已经考虑到了，每次发出买入信号时，会按照当时的盘态与风险利润等因素标示出该花总资金的多少比例买入这只股票，让使用者敢于照章操作，依据买入信号下单。更何况所有N字交易系统的买入信号已是高成功率的买入信号，止损止盈的点位更是有科学的依据，是多年实战的经验总结，即使卖错了，还会有后续的买入信号紧跟着，不致踏空波段的利润。这样的交易系统是一套完整的交易系统，也是让投资者能够享受理性投资乐趣，甚至开始学习赢家心态的一套好的交易系统。很多所谓赢家的心态其实是很违反人性的，比如说，当天止盈或者止损卖出股票后，当天或隔日又出现买点，这种情况下，如果按照人的自然反应，一般是懊恼不已而又不敢再次追回。但是按照N字交易法则，只要出现买点，又有合理的止损点位与合理的利润回报预估，就要勇于追买回来。这就是有没有操作进出依据的差异，也是赢家与一般投资者的差别所在。

现将N字交易系统的优点总结如下：

（1）完全智能化辨识盘态，采取相对合理的N字理论作为买卖依据，发出买卖信号，止损止盈线跟随趋势抬高，适用于任何盘态。

（2）采取顺势而为的操盘原则，撷取N字理论中高胜率的买点信号。

（3）将风险利润与资金管控合理、有机地联动，永远遵循大赚小赔的原则。

（4）简单易懂，交易信号只有买点与卖点两个箭头，无须使用者自己判断盘态。

（5）在上涨途中，可采取高抛低吸策略，长线、短线皆适用。

N字交易系统的实战表现

一般的操作方法可分为两大类，一是逆势下单法，二是顺势下单法。抄底逃顶意味着逆势下单，在一波涨势之后，判断是做头了，先卖出股票；或是在一路下跌后，敢于买进股票。这就是逆势而为的做法。另一种就是大家都知道的在股市中应该顺势而为的顺势下单法，本书前面所提的追涨杀跌就是一种顺势下单的方法。N字理论的交易方法中包含了这两种下单方式。例如，就逆势下单法而言，N字理论就有"月线负背离找买点"、"一止跌二突破拉回找买点"、"利用多头抵抗的机会找买点"、"一日实盘"等逆势下单的买法；就顺势下单法而言，N字理论就有"N字突破追买"、"过前高轧空波段追买"、"补缺不回追买"等操作战法。

逆势下单的好处在于可以买在低点、卖在高点，缺点在于风险会较大些；顺势下单的好处在于可能买在起涨点、卖在起跌点，缺点就是可能会反复测试自己所设的止损位。但N字理论对以上这两种买法的买点都配上了对大趋势的研判，因为顺势下单最怕买在相对高点，逆势下单最怕买在下跌中继站，所以N字理论会先判断大势的方向，然后找出非常合理又离止损位非常近的买点，达到风险可控、利润无限的境界。

由于N字理论具有这么多好的买点战法，所以在开发N字交易系统时，就能利用这些买点战法，找到更多高胜率的买点。

N字交易系统中包含了18种以上的高胜率买点，任何合理又高胜率的买点出现，基本上逃不出N字交易系统的范围。在开发N字交易系统的过程中，我将酒田战法中的所有买点形态，用N字交易系统验证是否有所遗漏，可喜的是，只要是酒田战法中符合N字理论买点者，全都已被N字交易系统所捕获，这一点在前文已有提及。

接下来就用N字交易系统的实战应用作为例子来看看N字理论的各种优点。

N字交易系统的设计理念是风险可控、利润无限，只要有买点就必定有止损止盈线跟随，永远保持着对市场敬畏的心态，以不变的N字理论作依据，对付千变万化的盘势，达到"兵来将挡，水来土掩"的目的。

如图4-5（a）至图4-5（l），图中向上的箭头为买进信号，向下的箭头为卖出信号，底下如台阶一样的线为止损止盈线，图中的虚线为利润目标价位，在图形右边的另一条线为方向线，K线图下方的副图指标则是总资金控制比例。

第4章 N字交易系统

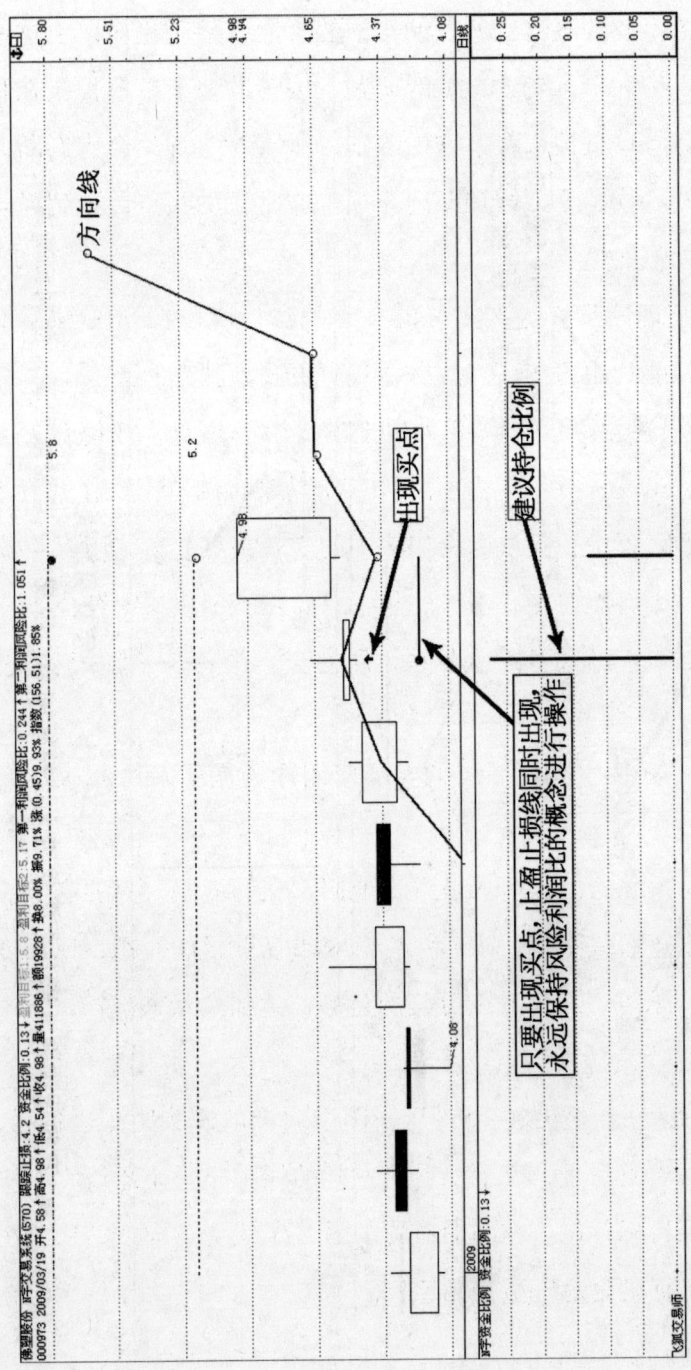

图4-5（a） N字交易系统

♦ 出现买点，止损止盈线、利润目标线与持仓建议同时出现

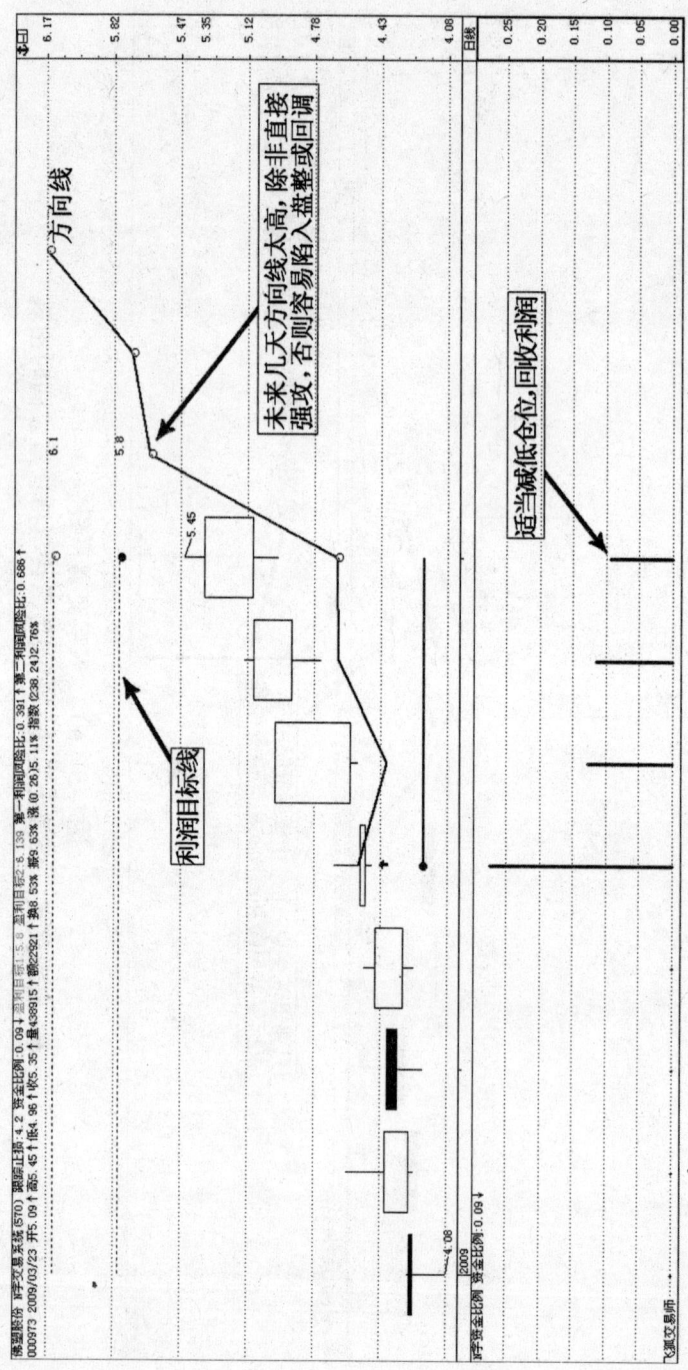

图4-5（b） N字交易系统

◆ 方向线预判未来几天股价若无法持续冲高，容易陷入盘整或回调，此时可逢高减仓

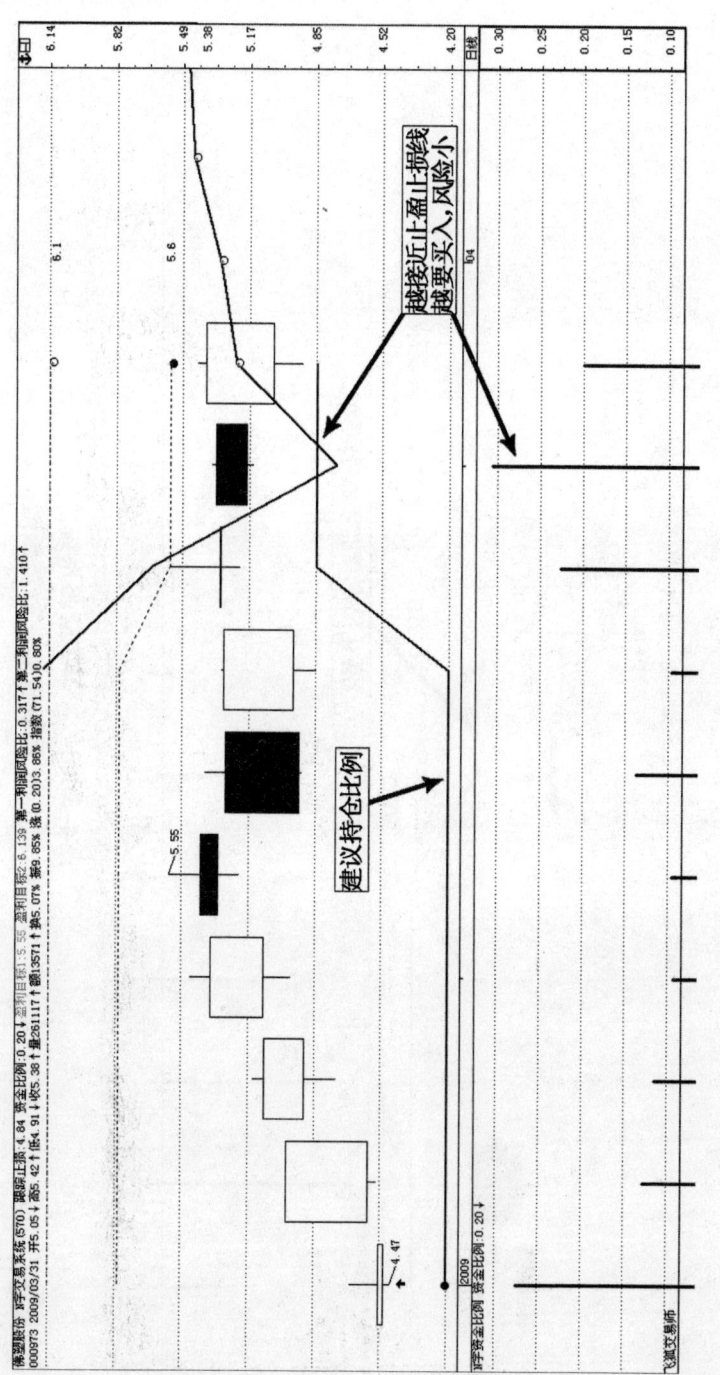

图4-5（c） N字交易系统

◆ 拉回找买点，股价接近止损止盈价位，表示加仓点的机会来临

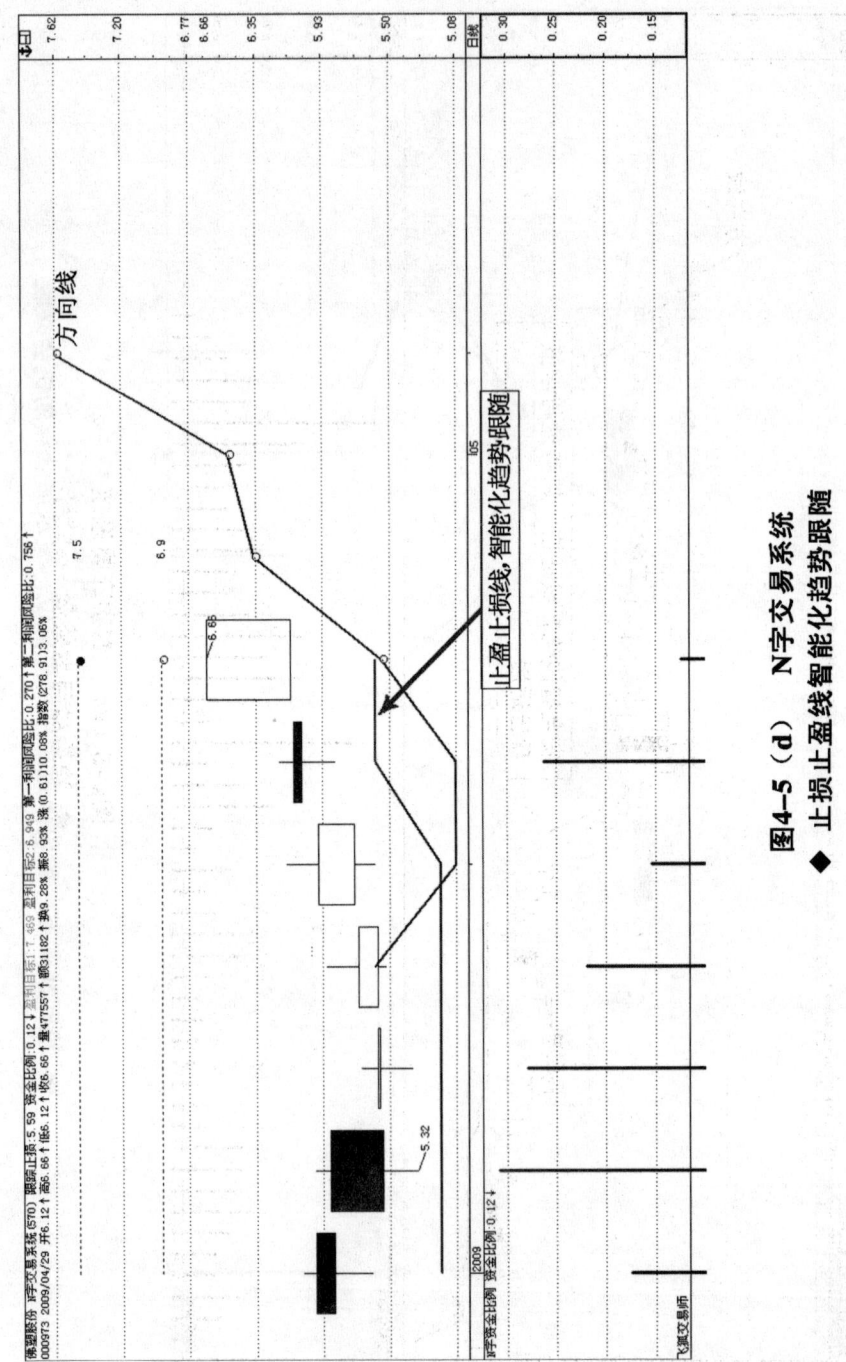

图4-5（d） N字交易系统
◆ 止损止盈线智能化趋势跟随

第4章 N字交易系统

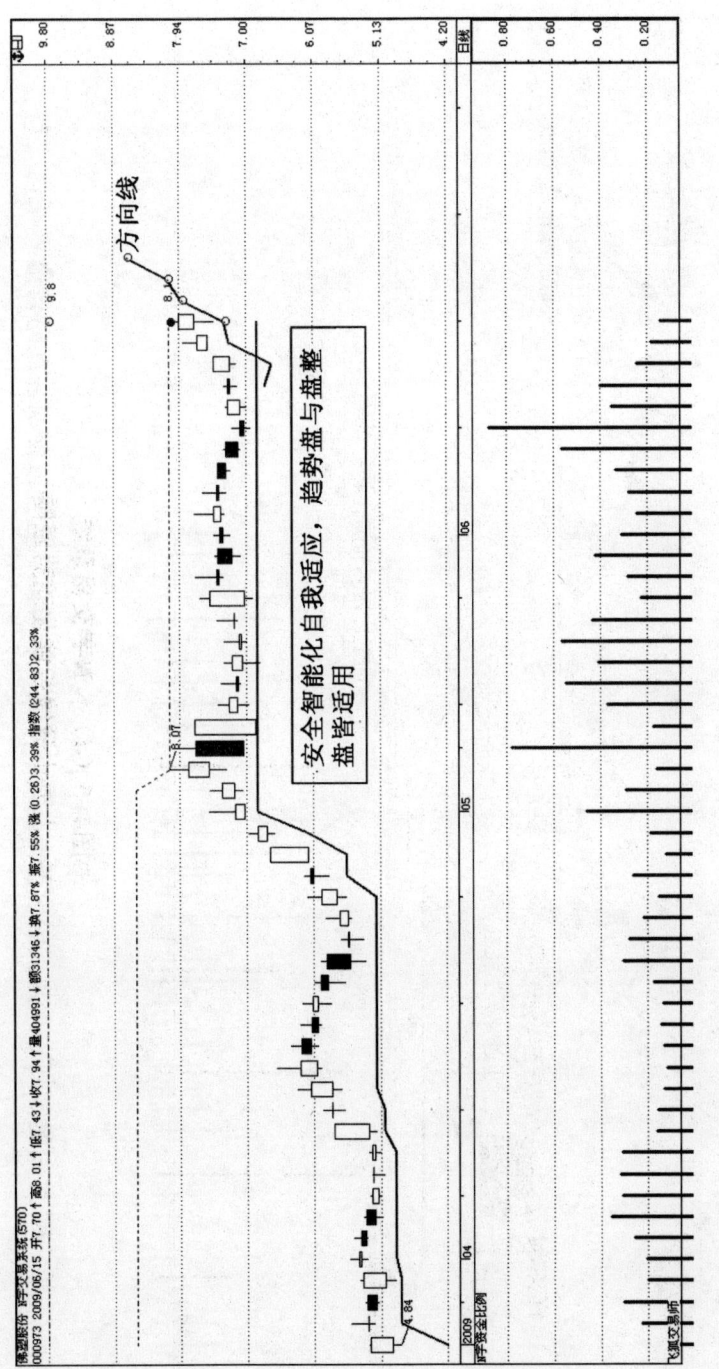

图4-5（e） N字交易系统
◆ 趋势盘与盘整整盘一样适用

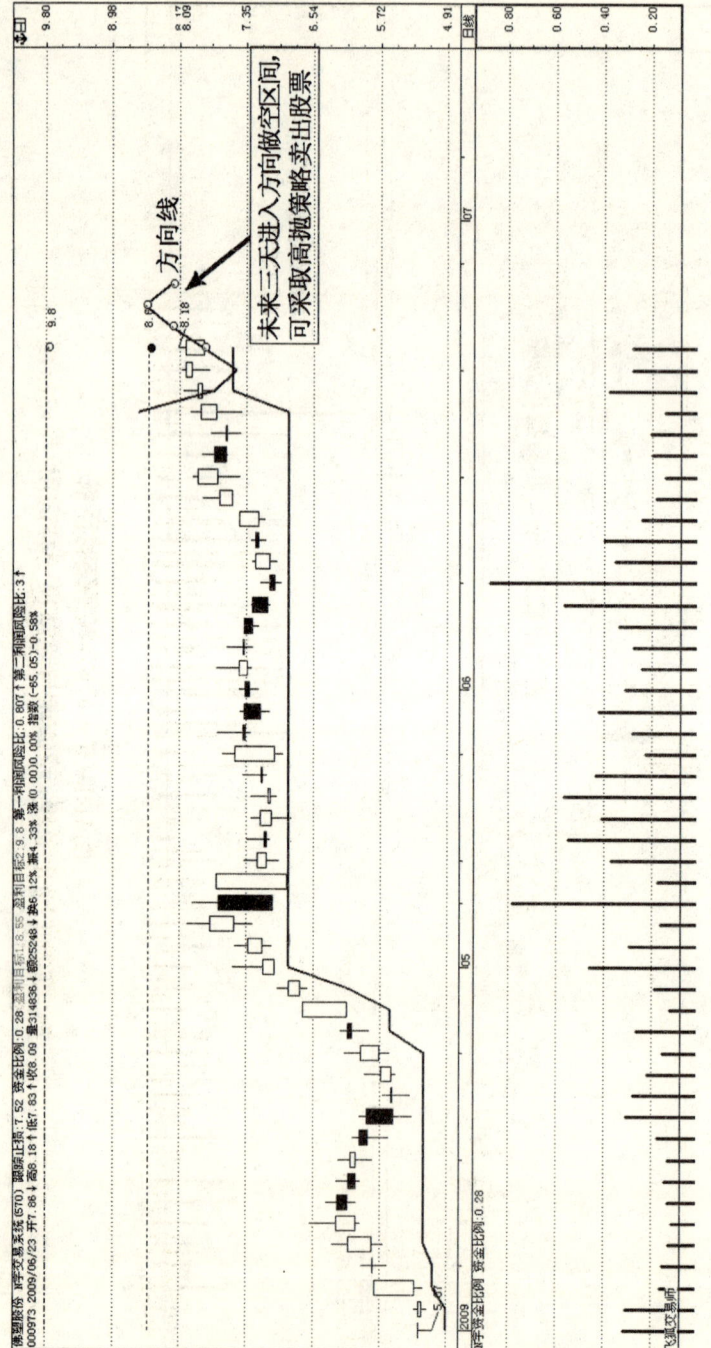

图4-5（f） N字交易系统

◆ 方向线预判未来几天股价若无法持续冲高，容易陷入盘整或回调，此时可逢高减仓

第 4 章 N 字交易系统

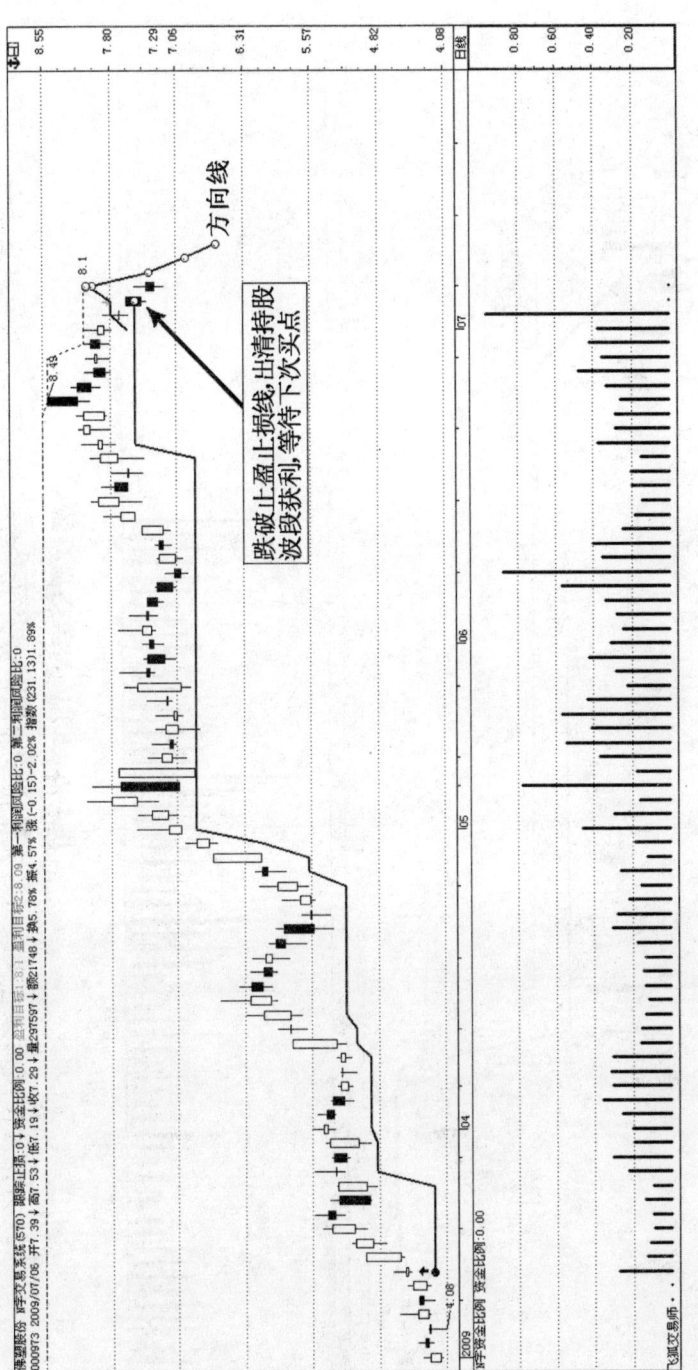

图 4-5 (g) N 字交易系统
◆ 跌破止损止盈线，出清所有持股，静待下次买点出现

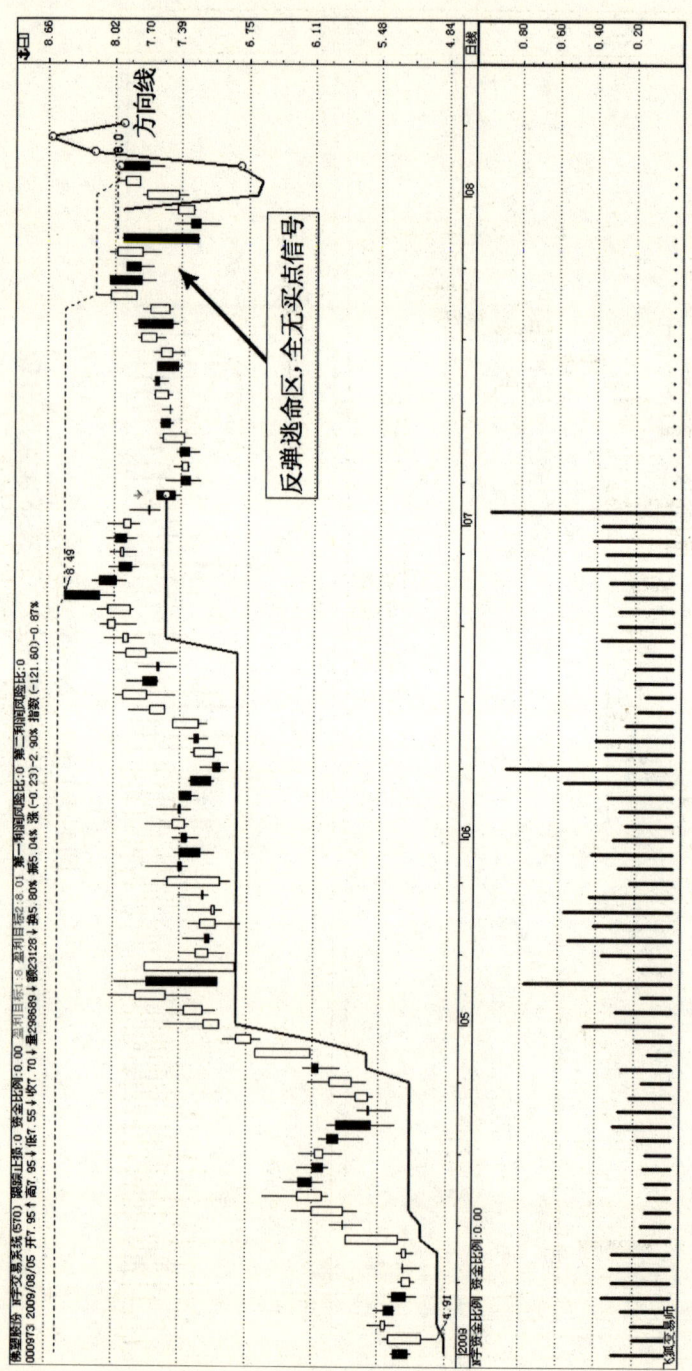

图4-5（h） N字交易系统
◆ 反弹逃命区，全无买点

第 4 章 N 字交易系统

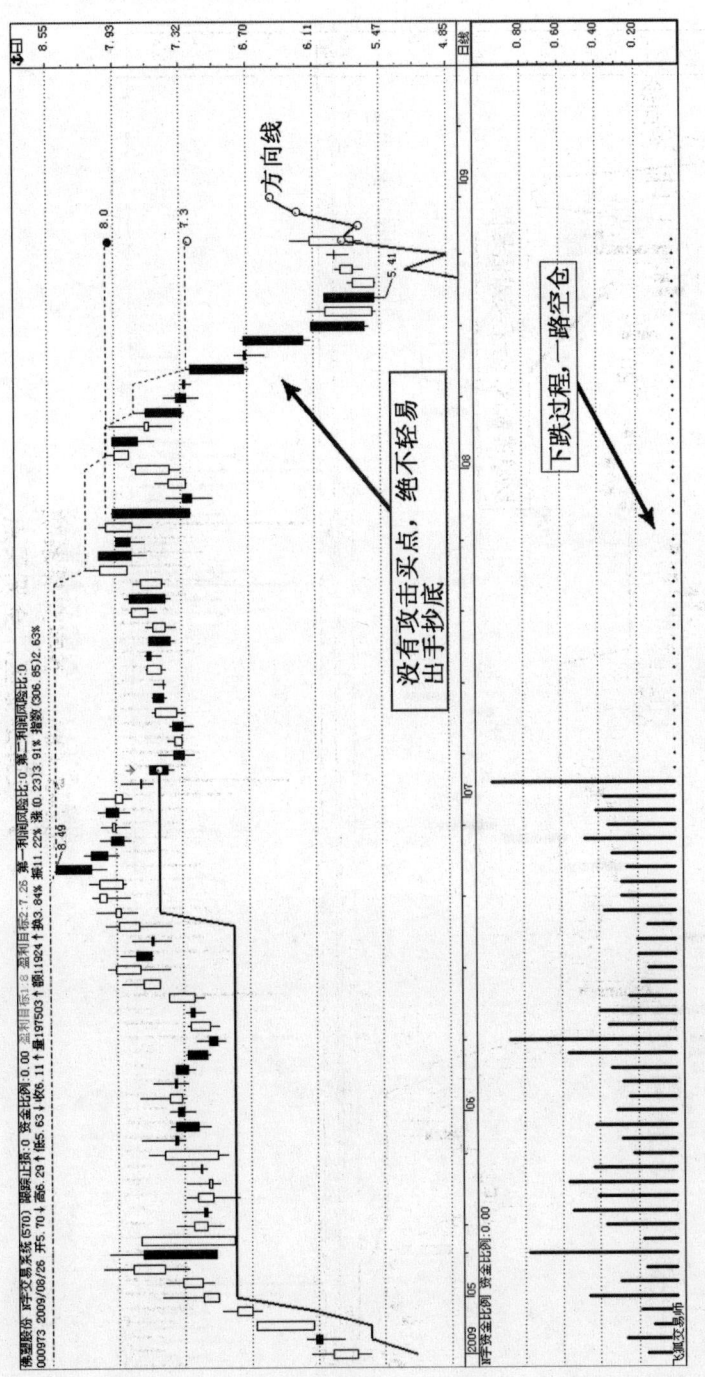

图 4-5（i） N字交易系统
◆ 一路下跌段，不盲目出手抄底

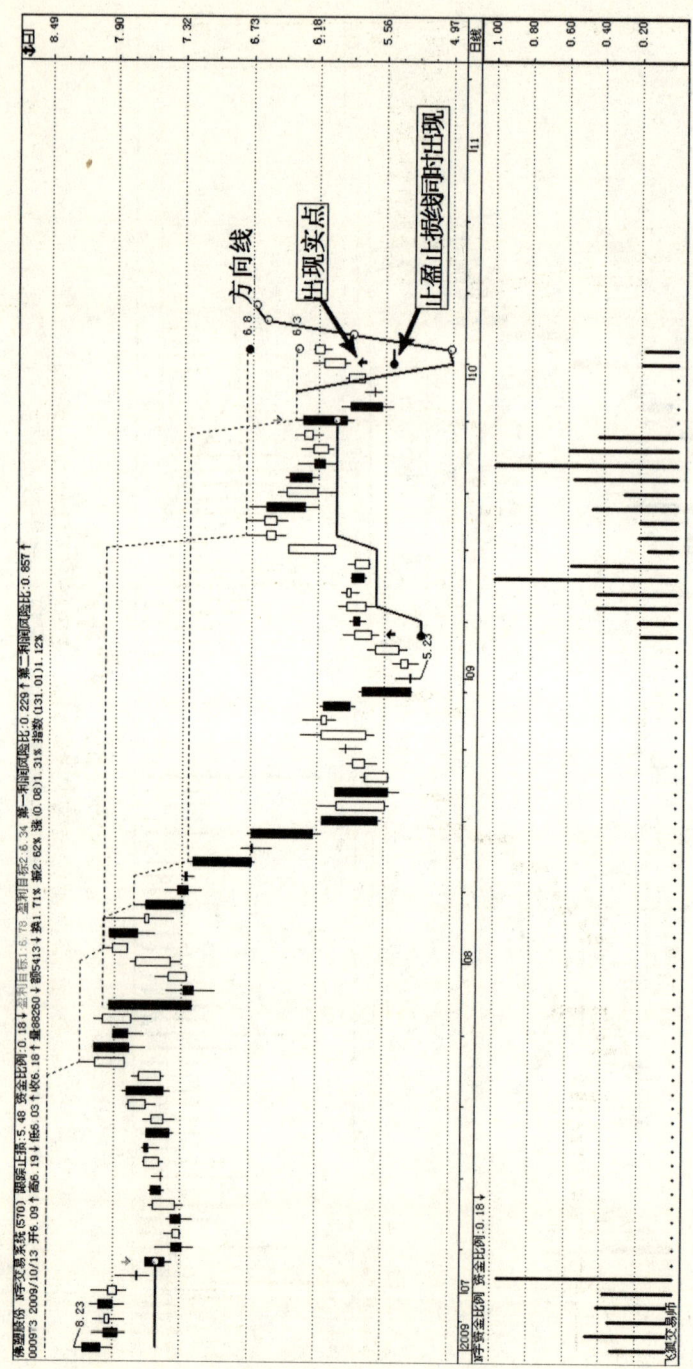

图4-5（j） N字交易系统
◆ 再次出现买点

第4章 N字交易系统

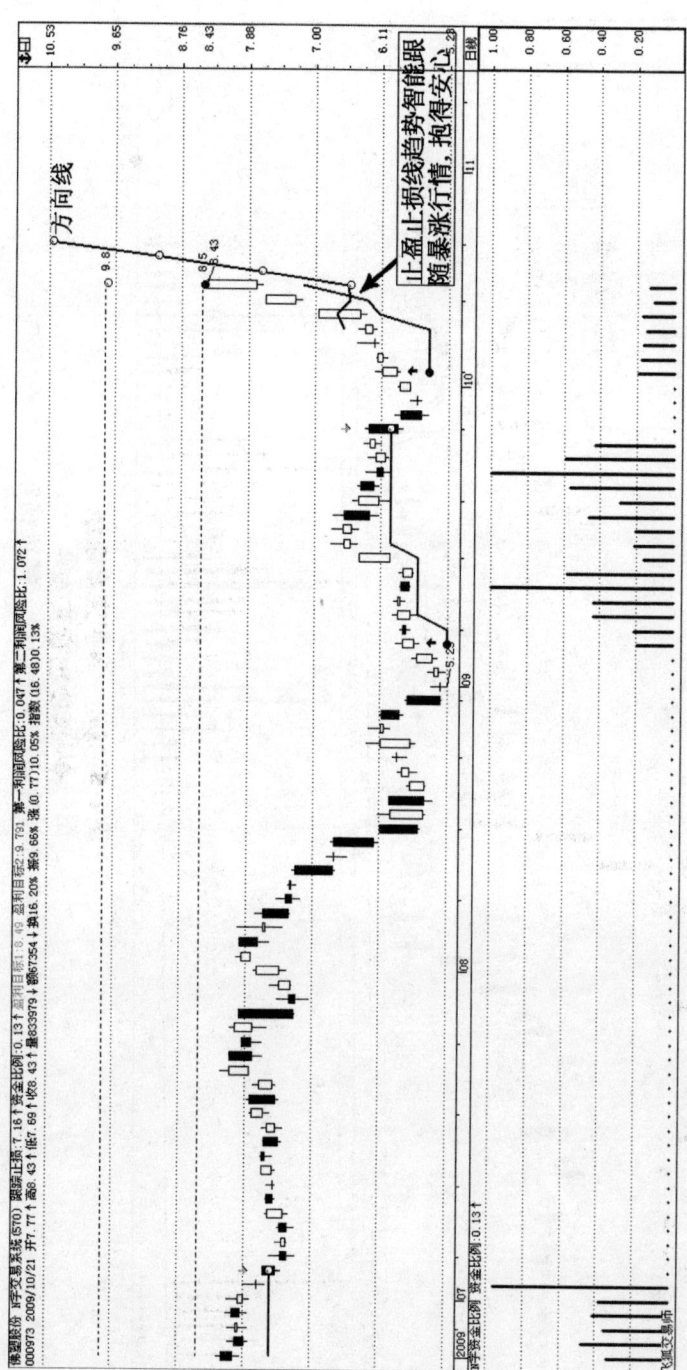

图4-5（K） N字交易系统
◆ 止损止盈线智能趋势跟随，暴涨行情也能安心持股

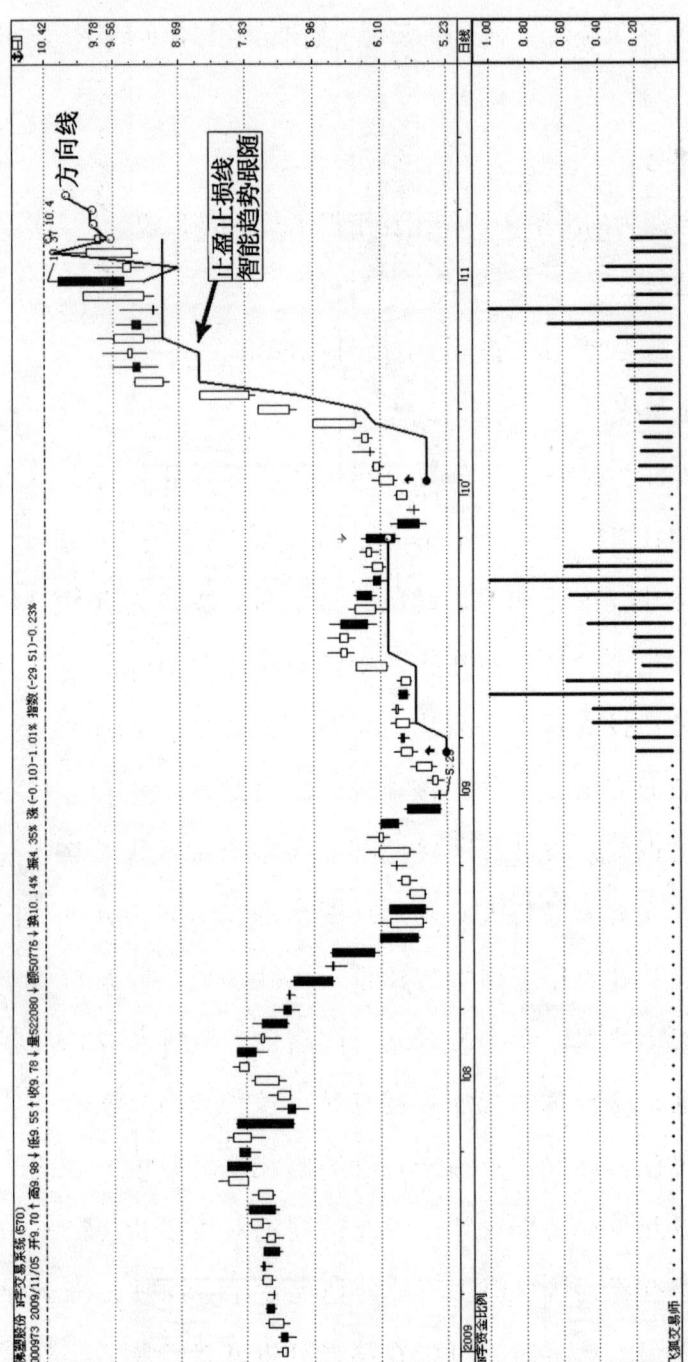

图4-5(1) N字交易系统

◆ 没有跌破止损止盈线，持续抱牢

现将 N 字交易系统中各种买入、卖出信号与各种线图的作用简介如下：

买入信号：

表示方法为向上箭头，作用在于提示买入的 K 线。

卖出信号：

表示方法为向下箭头，作用在于提示卖出的 K 线。

止损止盈线：

表示方法为台阶式趋势线，作用在于提示止损价位或者止盈价位。请注意，N 字理论中的止损止盈点就是一个价位，没有什么百分比，因为如果以跌破什么价位、多少百分比当作操作依据，理论上合理，但在实战中价位是随时跳动的，百分比的做法容易让投资者无所适从。在 N 字理论中，只有两种确认跌破、突破的方法，一种叫做虚破，也就是盘中跌破；另一种叫做实破，也就是收盘价跌破。由于 N 字交易系统最初也是为一般上班族或者无法每天盯着盘面看盘的投资者设计的，因此就以收盘价跌破当作进出场的依据，也就是说当收盘价低于该价位时，卖出股票。卖出方式是：收盘前，股价若离该止损止盈价位很远，已经预知无法在尾盘站上该价位时，不必等收盘就可以在尾盘卖出股票；由于各种因素无法盯盘的投资者，可于第二日以开盘价卖出股票。由此达到绝对可以卖出的实战效果，不至于有看到信号但卖不掉的情况发生。同理，当 N 字交易系统出现买入信号时，可以在第二日以开盘价买入。这样的系统设计就是要保障使用者绝对能买到该买的股票，不至于在盘中没有依据。

利润目标价位：

表示方法为虚线。该点位考虑了两个因素：一个是近期压力K线的位置，二是远期压力K线的位置。当看到这条虚线时，应往前看形成该虚线相关的K线，也就是进入该K线的低点时就该小心前期套牢盘的卖压，换句话说就是可以适当地减低仓位。至于如何减低仓位，如何高抛低吸，那就必须参考副图指标中的总资金控制比例，进行仓位的调整。

总资金控制比例指标：

表示方法为副图指标。该指标以现在价位与止损止盈线之间的距离为标准，这段距离代表投资者在该价位买入股票的最大风险。由于N字交易系统将风险值控制在总资金量的2%，简而言之，就是每笔交易若是按照N字交易系统建议的资金使用比例来操作，每次止损造成的亏损都会被控制在2%以内。假设总资金是100万元，每次最大亏损是2万元；如果总资金是10万元，每次最大损失就会控制在2000元以内，以此类推。由于该指标与止损止盈线还有建仓价位有关，所以有时候别看买入价位好像离止损止盈线很远，可是N字交易系统建议的总资金使用比例绝对是低持仓，这就会达到前述所说的目标，那就是高胜率的买点、风险利润比与资金控管完美的联动控制机制。唯有这样的做法才能真正实现风险可控但利润无限的目标。

方向线：

这是 N 字交易系统中唯一使用的方向指标，因为想给使用该交易系统者提供一些预判的功能，所以才加上该项指标。该指标是我至今所见唯一具有预测功能的指标，很多人将其拿来作为进出场的依据，但我只是拿来当作对未来趋势的观察。这里必须先强调该指标只适用于趋势盘，N 字交易系统的使用者必须先认清这点。当趋势向下时，可以将方向线视为一压力线，没有站上这条压力线无法翻多；同理，站上这条压力线后，如果股价一路上涨，可以将方向线视为一支撑线，没有跌破该支撑线时不必卖出筹码。其预测功能在于该方向线一般会先画出后面三天的趋势，使用者可以拿来观察后面几天若是一路看涨，每天必须涨多少点位才能达到轧空上涨的效果。换言之，如果后面几天都是离方向线所预估出来的价位非常远又非常高的点位，N 字交易系统的使用者就可以采取高抛的策略。这又符合了另一种操作思维，那就是以长线保护短线，意思是长线看好，因为没有跌破止损止盈线。在这种长线看好的背景下，短线只要出现波段高点，就可以勇敢地先高抛筹码。这里的勇气来自于 N 字交易系统发现，如果总资金的使用比例降低到某一程度，往往是某一涨升波段的高点，所以可以适当地降低仓位，取回些获利，等价位再次回到止损止盈线附近时，再找买点介入。这样，既有了波段的利润，也让总资金的利用率大大提高。

接下来再看几个 N 字交易系统的应用实例。

【案例1】 趋势追随

图 4-6 为新大陆（000997）的走势图，图中显示于 2009 年 9 月 15 日出现买点，不论是前期自 9 月 15 日到 9 月 18 日的连续涨停，还是接下来连续能阶式的盘整上涨，智能跟随的止损止盈线一直没有跌破，使买入者安心抱牢筹码。

对于一般投资者而言，日思夜想的就是买到涨停板的股票，可是真买到天天涨停板的股票，又开始如坐针毡，不知如何是好，那么请看图 4-7。

图 4-7 为 ST 松辽（600715）的走势图，该股于 2009 年 10 月 28 日开始天天涨停，一直连续涨停到 11 月 15 日。在这一段时间，止损止盈线智能化跟随，就算是 11 月 15 日当日，盘中洗盘跌至 6.13 元，还是没有跌破 N 字交易系统的止损止盈线。只要没跌破趋势的止损止盈线，就不必卖出，尤其是好不容易买到了涨停板的股票，这时候更该牢牢抱住筹码。N 字理论有合理的止损止盈线可以紧紧跟随，又不致让盘中的洗盘动作欺骗而过早地卖出筹码。

【案例2】 适用性

可能有人会觉得 N 字交易系统是否只适合小型股或垃圾股，那么接下来请看图 4-8。

图 4-8 为中国石油（601857）的走势图，这可是大型蓝筹股，

第4章 N字交易系统

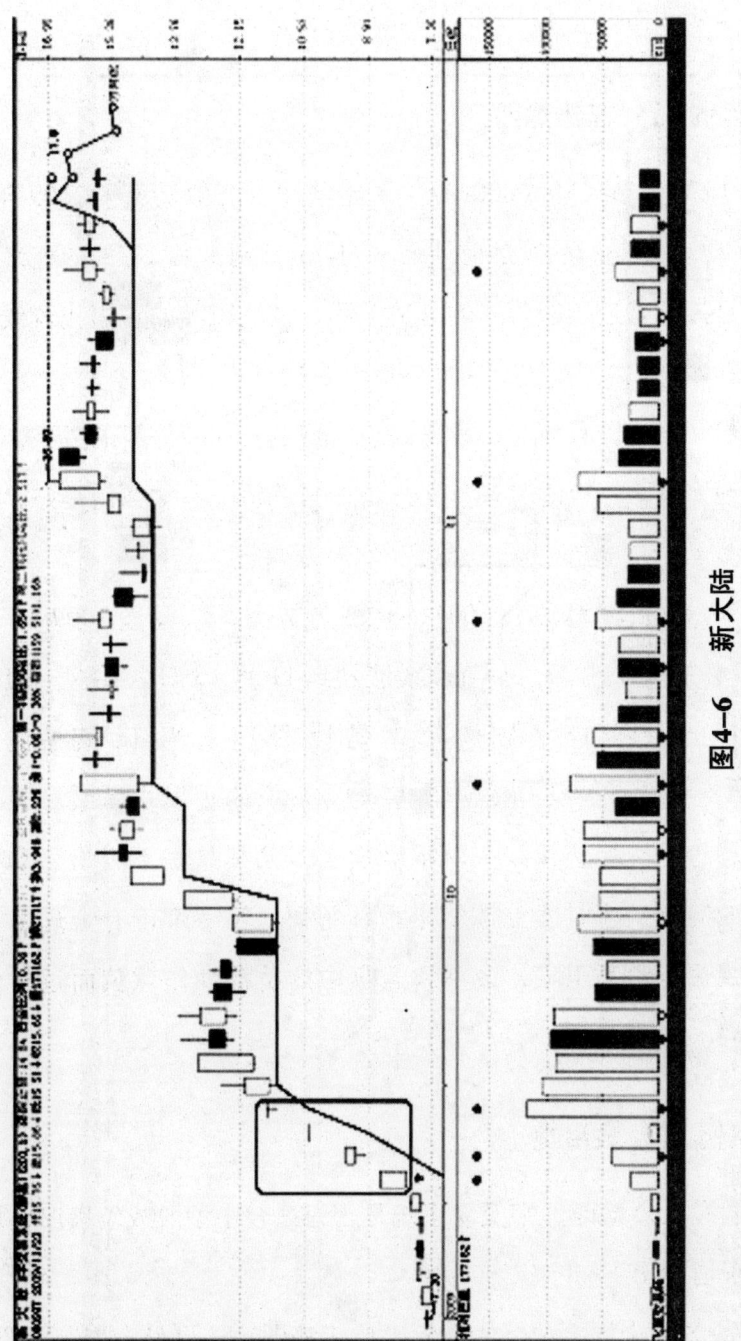

图4-6 新大陆

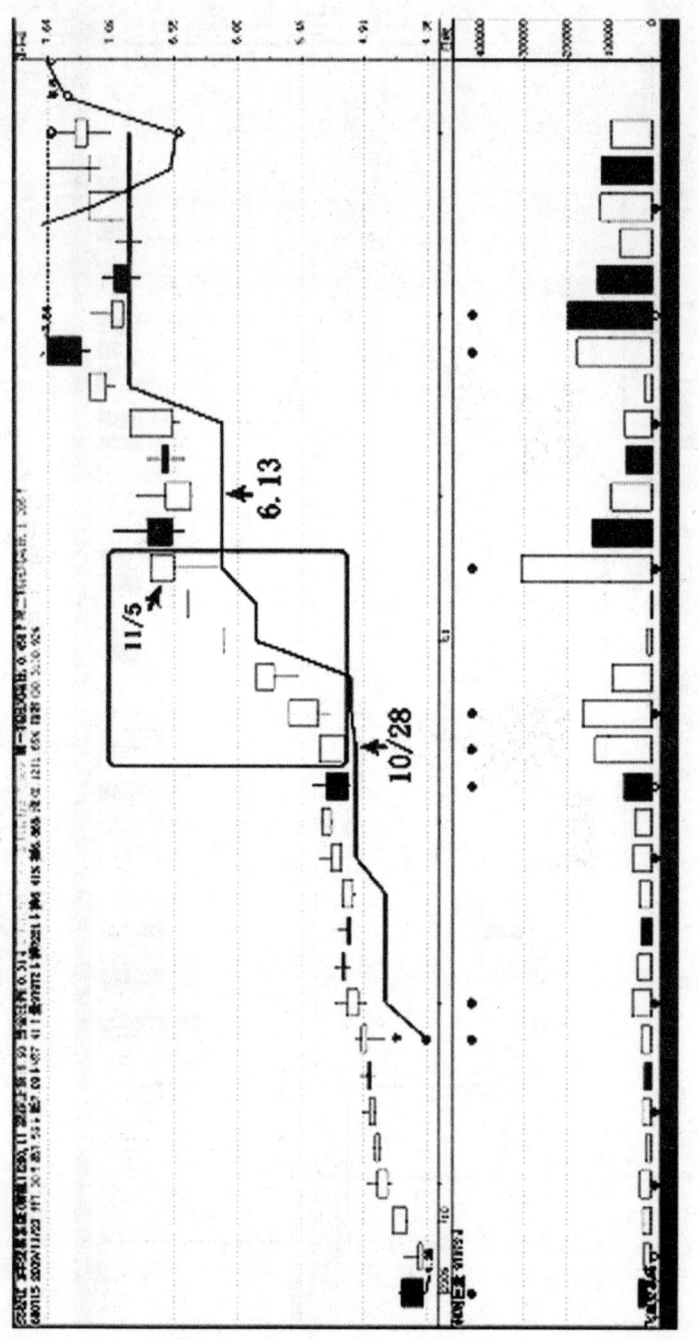

图4-7 ST松江

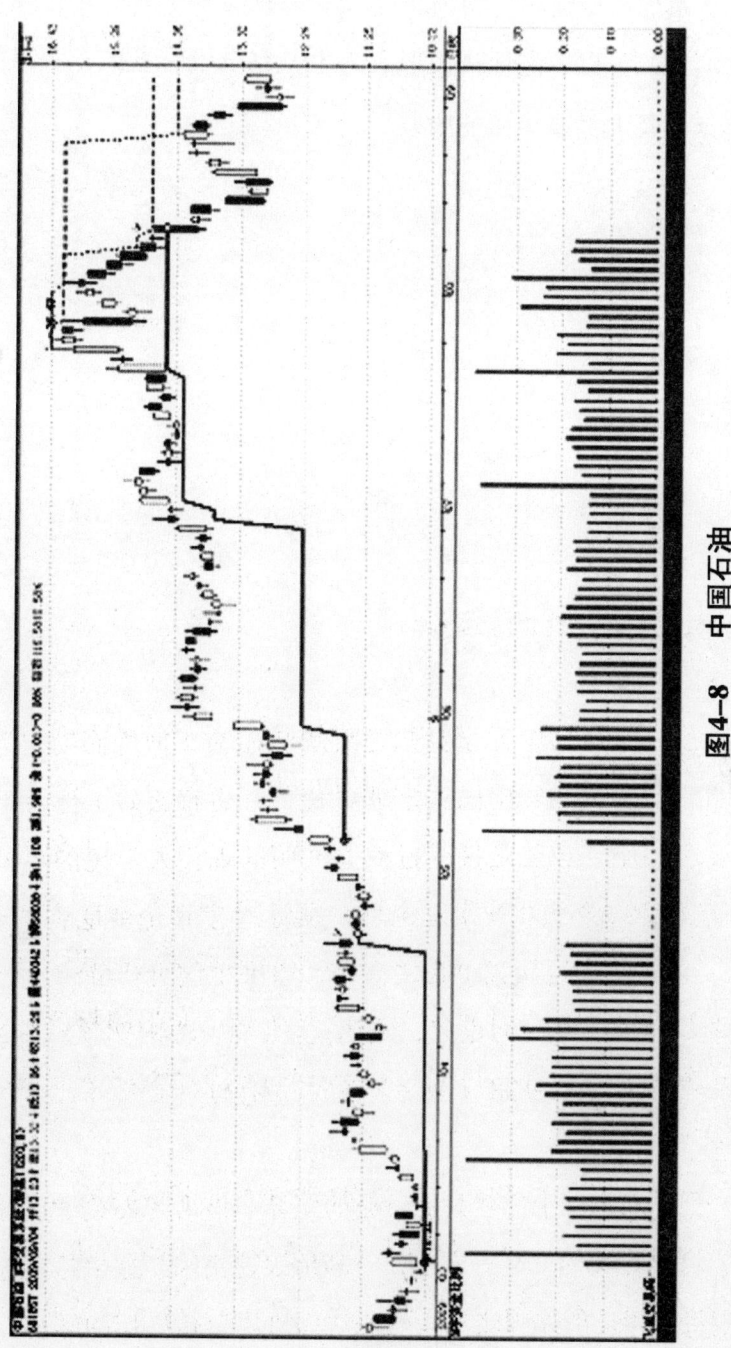

图4-8 中国石油

N字交易系统还是适用。因为N字交易系统是基于N字理论开发而成，其编程又是以智能性辨识形态为主，完全没有参数，所以能适应任何盘态及大型或小型的股票。

第 5 章

N字学习套件

开发N字学习套件的初衷是希望让学习过N字理论的学员有一运用工具，一是方便学员自我检测学习成果，找的关键点位是否正确；二是方便学员利用N字理论设计选股指标。N字交易系统就是在N字学习套件的基础上开发完成的。

李进财教授在台湾已经讲授N字理论20余年，一直没有人开发出学习套件。由于我于2007年年底已经发觉市场可能要转头向下，一个疯狂的牛市即将结束，刚好又有学员提议合作开发该系统，让日后学习N字理论的学员有更好的使用工具，我便与学员花费大量的心血将N字学习套件开发完成。

这里借着介绍N字学习套件，让读者对N字理论的一些基本定义与关键点位有一大致的了解，配合着附件中的定义表与学习N字理论的方法与过程，让读者慢慢了解N字理论有哪些具体内容，从而了解N字理论的实战性与该理论强大的优势和特点。

第5章　N字学习套件

N字学习套件由于开发的初衷是给学员使用的，让函授学员可以通过N字学习套件自我检测学习效果，所以套件由多个与N字理论定义相关的指标构成的，大致内容有：虚拟K线、高低折线、相对巨量、末升低点、末跌高点、N字等构成该学习部分；另外就是选股部分，大致包括正N字选股与倒N字选股。

在开发N字交易系统时，我发现了更多N字理论前所未有的一些实战技巧与捕抓上涨股票的特征，因此日后也将持续开发出类似月线负背离等有关实战的选股模式。

有关N字学习套件的图形请参考图5-1、图5-2、图5-3。

高低折线是由智能辨识系统绘制出来的，而不是用转向函数ZIG绘制的。

使用N字学习套件者可以选择显示用的参数，显示出一饱二吐、轧空低点与杀多高点，或者选择显示几根K线，使学习者看画面时不至于觉得繁杂。

图中的两个箭头，就是趋势止盈、趋势反转的关键点位——末升低点与末跌高点。

以上各图中显示的参数，只是显示用的参数。使用者还可自行设置是否显示N字与倒N字的一饱二吐，或者是否显示处理母子线，或者是否显示配色方案，因为有些使用者习惯用白底，有些使用者喜欢用黑底。另一种选择就是要显示出多少根K线。

整个学习套件是没有参数的，完全由智能辨识形态所得，所以绝对没有未来数据。N字交易系统也是在这个基础上开发完成的，因此同样没有未来数据。

既然提到了"未来数据"，这里就对"未来数据"作一简单的

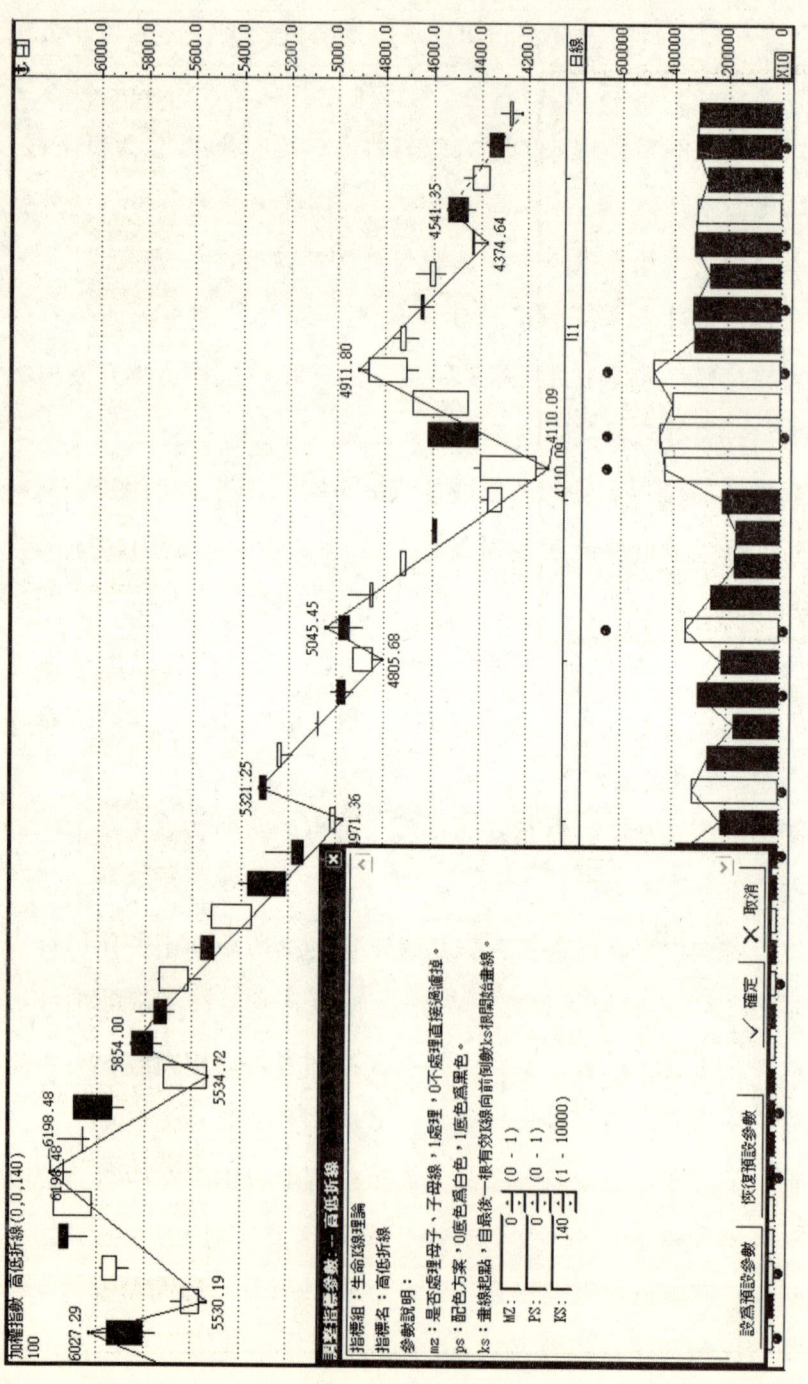

图5-1 高低折线

第5章 N字学习套件

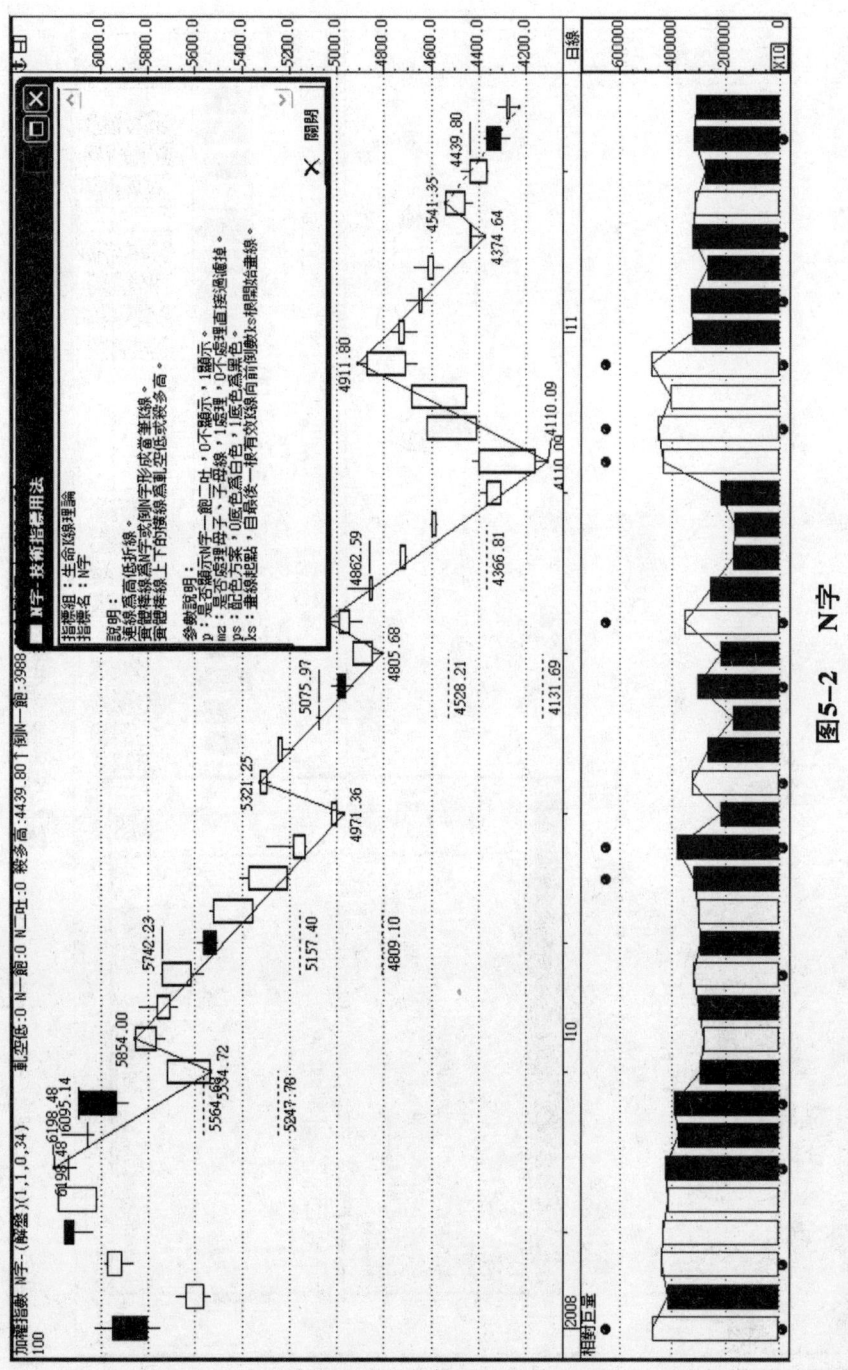

图5-2 N字

147

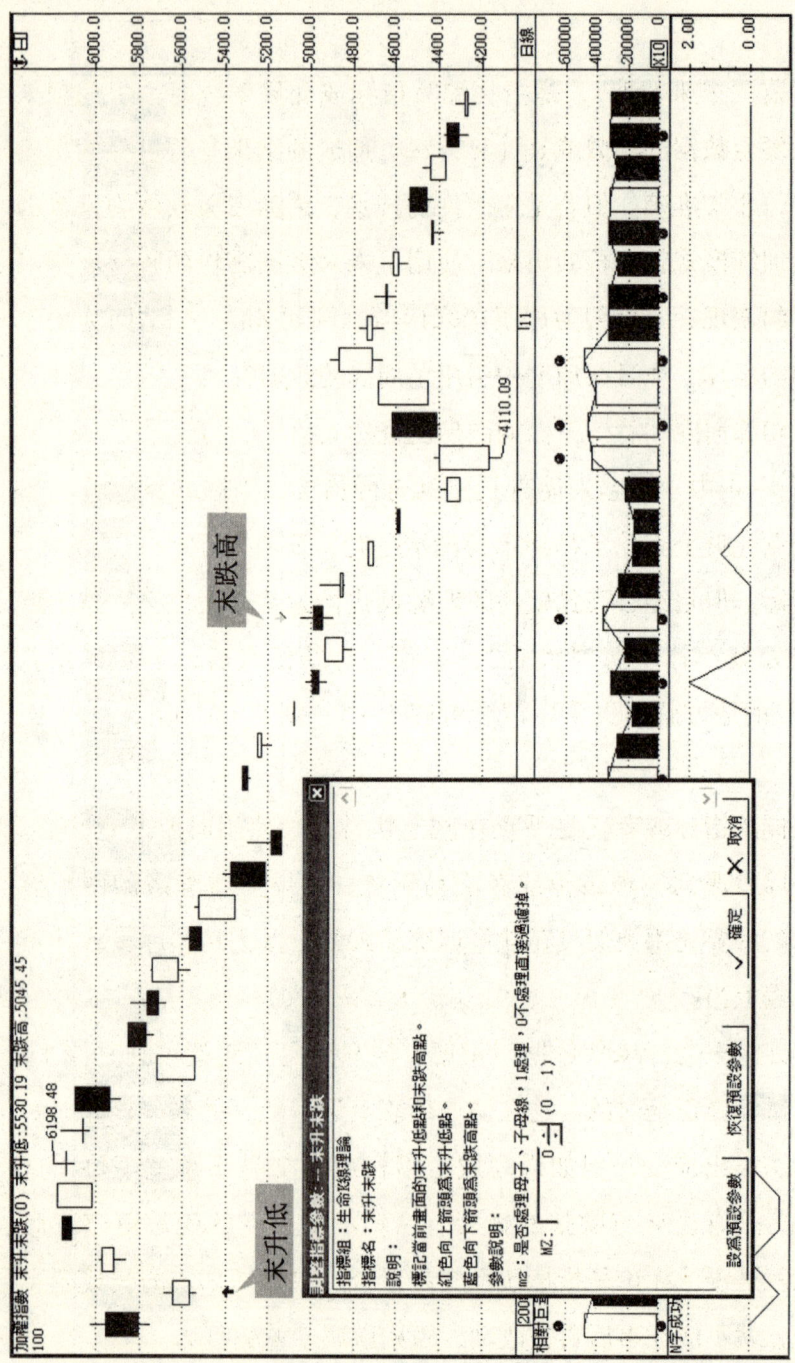

图5-3 未升低点与未跌高点

介绍。

所谓"未来数据",是指在编写指标或交易系统时,引用到未来还没发生数据的函数或是计算方法,造成的结果是看过往的历史图形时,非常准确,但若是用软件的技术,诸如飞狐软件中操盘训练中的训练模式就能检验出来,使用了未来数据制作的软件之所以有这样的表现,一是因为用了未来函数,例如 ZIG,二是因为用了跨周期的运算,在日线周期中引用了周线的数据等。

真相如何呢?看了下面的图形就恍然大悟了。

图 5-4 中,看起来简直是一神奇的指标,下跌一直空仓,买在最低点,哪里大跌了都标示得清清楚楚,简直就是一个"圣杯"级的指标。但是经过飞狐软件的训练模式检验就会发现,一路下跌中原来处处都标示着"大底",等到一有新低点后,当初标示着"大底"的地方就消失了。请参考图 5-5、图 5-6、图 5-7、图 5-8。

这样的指标或者交易系统在网上非常多,使用时要非常小心。所以,以后遇到一种指标或者交易系统,不要只看静态的图形展示,拿到后要先用类似飞狐软件训练模式的方法去检验一下,才不至于受骗上当。

也许有人为"未来数据"辩解,说只要是预测就该时时修正,所以事后的修正是对的。这在操作理念上讲得通,的确应该随时对新的盘态作出应变,但如果写成了指标或者交易系统就不可以这样,因为这有误导与欺骗的嫌疑,已经不是应变的说法可以开脱的。也就是说,无论是指标还是交易系统,只要是划定的线或者买卖信号,就不能在事后再去改动,否则就属于欺骗行为。

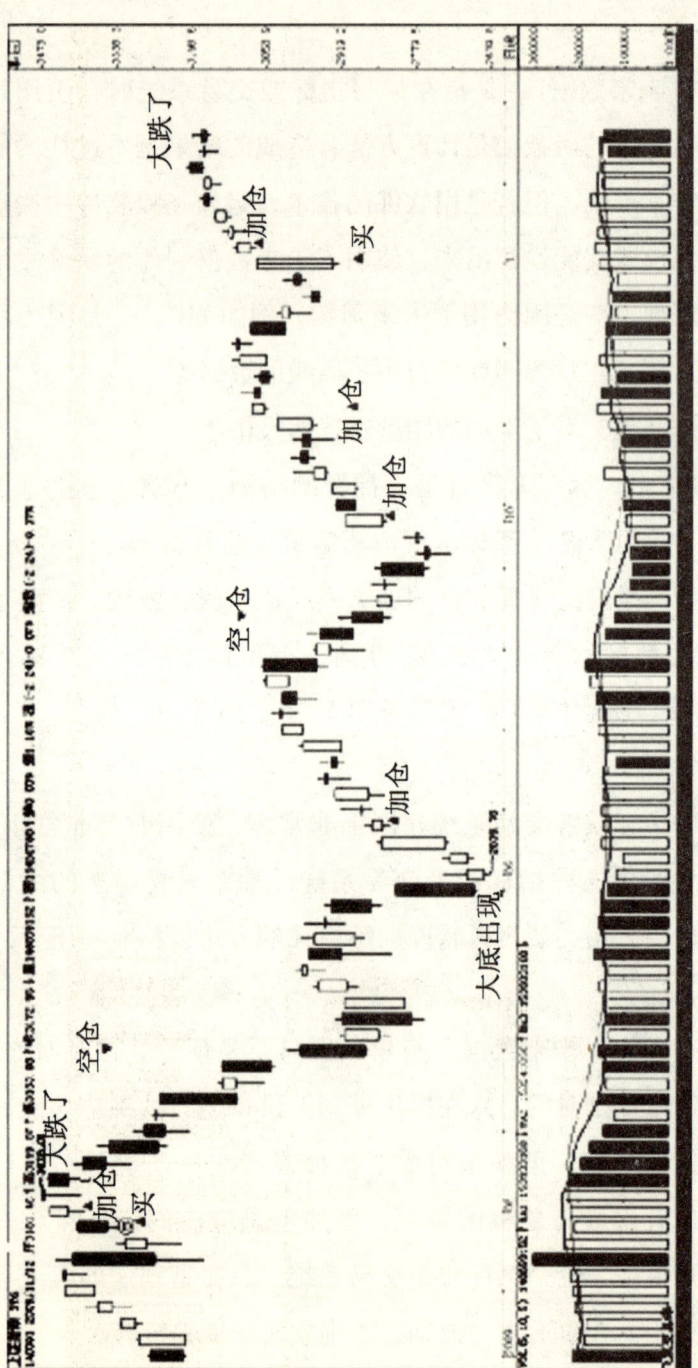

图5-4 神奇指标

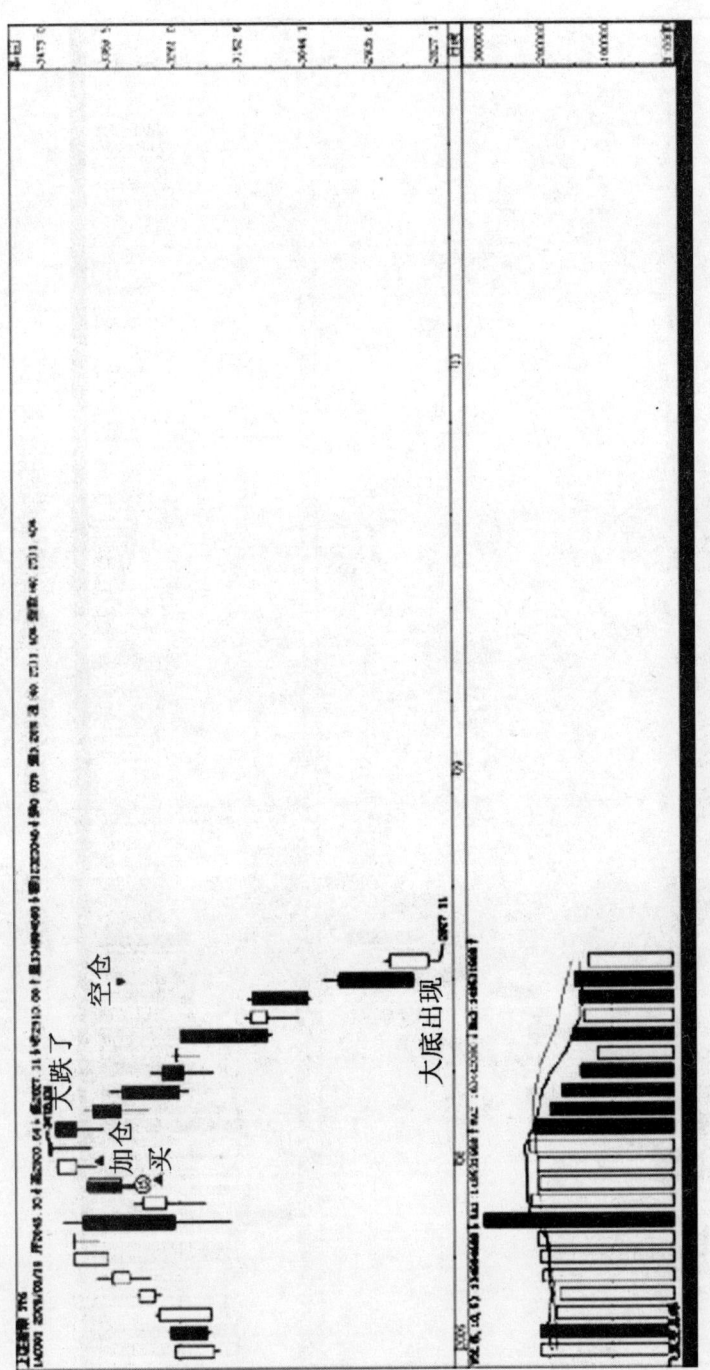

图5-5 显示大底出现

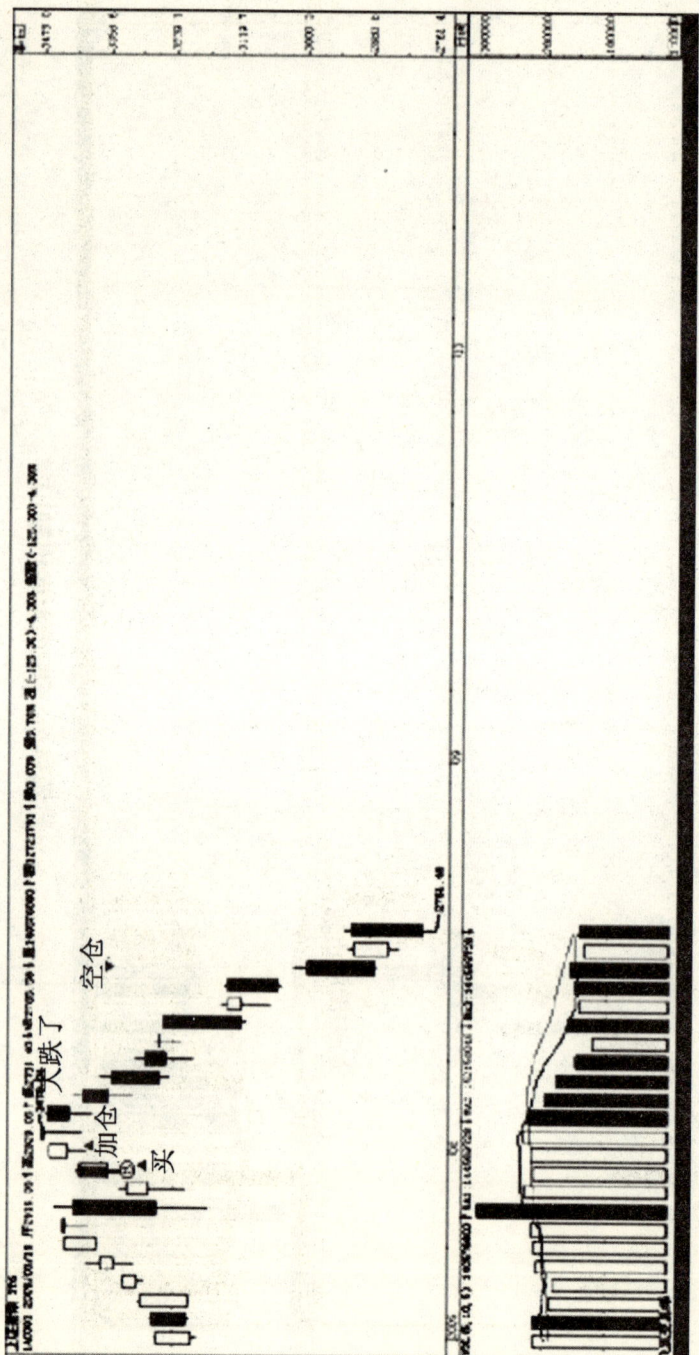

图5-6 一根K线就让大底出现的信号消失

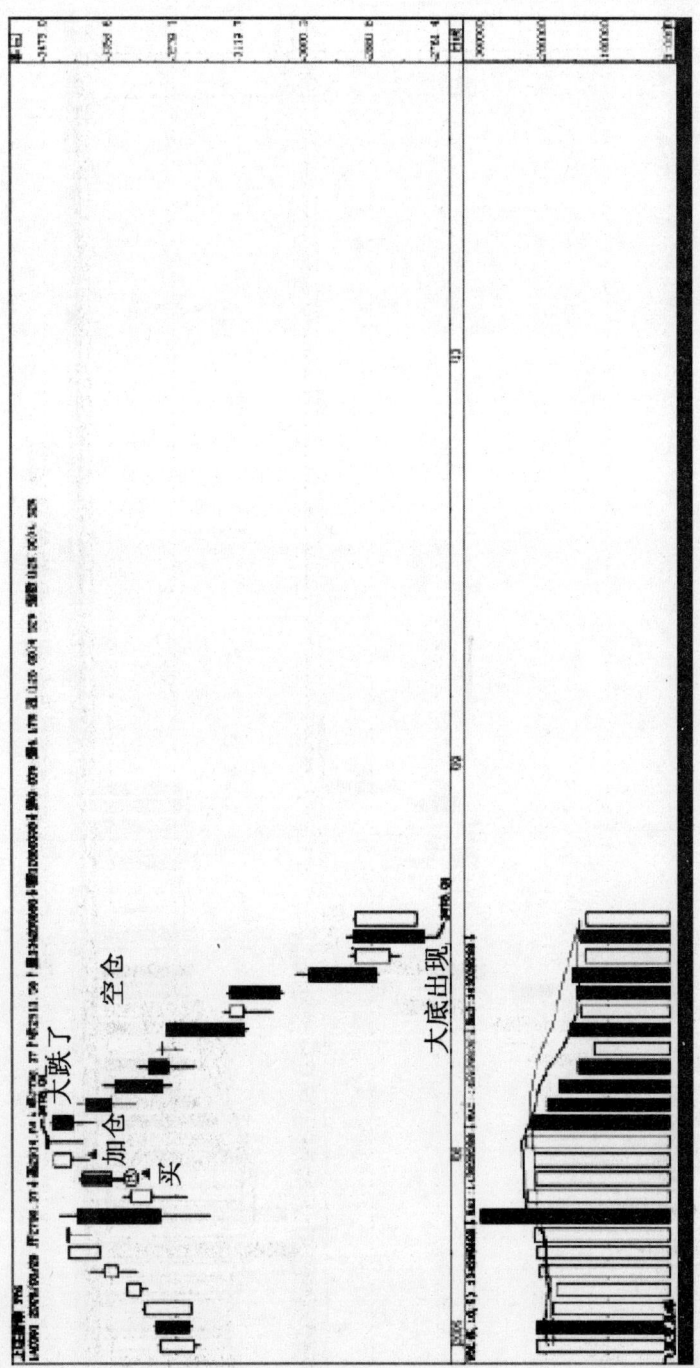

图5-7 再次显示大底出现

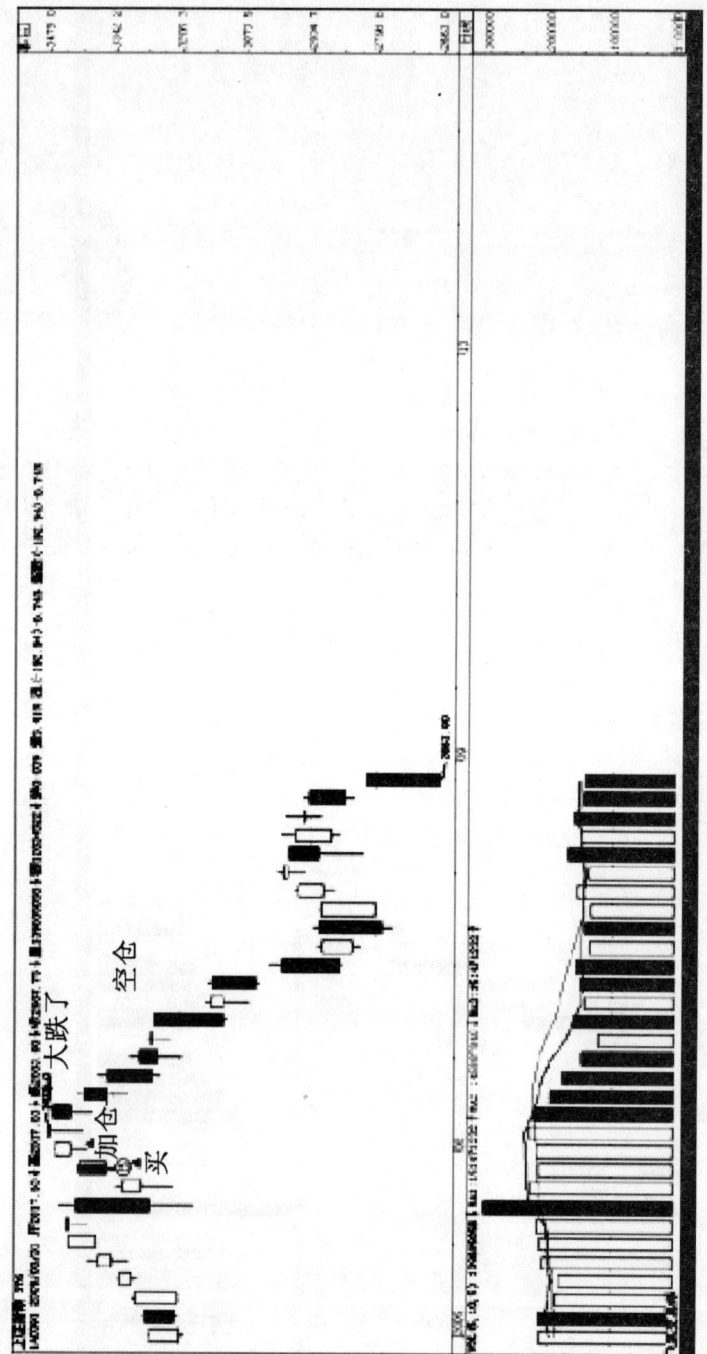

图5-8 大底再次消失

第 6 章

N 字理论的哲学思想

股道就是自然之道
在股市中如何进退
止跌与刹车,盘整与拔河
趋势也有轮回

股道就是自然之道

在金融投资市场中大家都知道要顺势而为，伺机而动，但是势在何方？机为何物？中国文字非常优美，也很玄妙，但总是让人觉得不够清晰，也就是接受过西方文明的现代人常说的不够明确和科学。自从学习完 N 字理论后，发觉 N 字理论就能将"势"与"机"定量化，这让我也为之一惊，原来中国古代的一些用来描述所谓趋势的一些名词也好，成语也罢，其实都与 N 字理论中的许多思路相符合，可能与 N 字理论是由咱们中国人自己开创的有点关联吧。

N 字理论能把原来那些只能意会的境界，借由图表关键点位的寻找与力道目标位的量测等方法，清晰地表述出来，这也是我选择 N 字理论进行推广的原因之一。这是一门可以口传心授的学说，没有模糊不清的地方，处处透着明白，是让咱们中国人觉得亲切的一门技术分析理论。

别看现在是地球村了，欧美的生活方式与文化也渗透了国民生活的方方面面，其实东西方还是有很深的文化鸿沟，光是文字的隔阂与思维模式差异就非常大，所以看欧美的技术分析理论，必须先了解欧美的思维逻辑。而 N 字理论是中国人自己总结出来的，思维模式基本是相通的，接受的程度应该会更高。

中国古代哲学思想基本就是阴阳两事而已。"太极化阴阳"，请别把这太极与阴阳想得太玄，既然是自然之道，也就是放诸四海皆准的道理，这与万有引力及正负极相斥、相吸的原理一样的自然。太极可大可小，一个宇宙是一太极，一个国家是一太极，一个社会是一太极，乃至于一个人、一只手、一个独立的对象与事件都可视为一太极，也就是说万物万事都可独立看作一个太极，也可以分化为阴阳两面（正反两面），分则为阴阳，合则为太极。有人把这一哲学思想模拟成正反合的辩证法，也行，现阶段只要别把这些传统的中国哲学思想看作糟粕，看做迷信或是妖魔化，我都能认可。也就是这种二元分化的方式，可以用来解释万事万物，这就是宇宙间的一大原理。

有了这些基本概念，解释股市运行波动就很自然：股市中不是涨就是跌，涨又可分为直接轧空与盘升两种涨势盘态，跌也可以分为直接追杀盘与盘跌两种跌势盘态。一分为二，二分为四，如此生生不息一直推演下去。

既然任何事物都可以看成一太极，各太极间又会相互作用，因此有了主体、客体，就如同易经只有八卦，乾坤定位，坎离两分。可是先天八卦是静态的描述，孤阴不生，孤阳不长，让这静态的八个卦相互激荡。简单地讲就是相互作用，变成了后天八卦，也就有了各种主客体的相互关系。所以事分三面：一是主体，二是客体，三是两者间的关系。这些关系又可以分类为吸与斥，就是主动与与被动；主、客体之间的关系又可以分类为生、克与助的关系。不论是易经八卦的推演，乃至于五行金水木火土的分类体系，还是中医常用的三阴三阳体系，都遵守着这样的大原则。可能分类的方式与数量不同，但是主体、客体与主、客体之间的关系（如图6-1），是不变的思维推理模式。这就是中国传统智慧中的山医命卜相的基本原理。

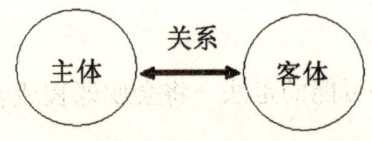

图6-1 主、客体关系图

我在写书与教学时也喜欢教大原则与大原理，这样才能道出精髓，让学员能在学完后灵活应用。

回到N字理论上来，N字理论一般将盘态分为六大盘态，这六大盘态如果按照后面的走势，每种盘态还能再细分六种，这样就有6×6=36种。假设照N字理论合理推导后续可能的盘态走法（请参考表6-1），常见的盘态也有10种，若再加上量能或者其他的判定条件，那可真是千变万化了。

表 6-1

N 字形成	轧空盘	轧空盘
		盘坚盘
	盘坚盘	轧空盘
		盘跌盘
		追杀盘
倒 N 字形成	追杀盘	追杀盘
		盘跌盘
	盘跌盘	追杀盘
		盘坚盘
		轧空盘

如果一直讲这些可能的走法，将会使课程或者书籍搞得像棋谱或者拳谱大全一样。

如果作者与讲师不懂大原则与中心原理，那情有可原，如果我也只讲 N 字理论 "术" 的部分而不讲 N 字理论的基本原则与精神所在，也就是 N 字理论 "法" 的部分，也许能赚到些学费与稿费，但是怎么对得起自己的良心？浪费学员与读者的时间与金钱，这种事情我是万万不敢为的。古人所学所教的也都是些宇宙的大原理，放之四海皆准的大原则，所以才有 "世事洞明皆学问，人情练达即文章" 的说法。

由上述的基本概念，我们知道了中国哲学思想于应用而言，重点在于知进退。古人说"不读史，无以措手足"，就是要人们以古鉴今，从历史中吸取教训。

现在让我们来看看在股票市场实战中，如何借用古人的智慧配合着N字理论来了解各种涨跌盘态与市场节奏，如何在股市之中"知进退"。

在股市中如何进退

以压力支撑来讲，我们常会使用突破与跌破来观察一个行情走势是否成立，也常有人提出真假跌破与真假突破的概念，甚至用了百分比的过滤法，也就是把突破或跌破支撑压力线超过5%或3%当作是真突破或真跌破。但在实战中，这样的过滤法常会让人麻痹于行情中。例如一个突破的行情，突破压力线到了5%，可能还是会对自己说"再看看"；等到了6%，还是说"再看看"；一旦回调4%，又不知道该如何应对了。所以这种百分比的过滤法理论上是可行的，但实战中容易错失行情。

请注意，很多理论看似非常漂亮完美，但是在实战中就必须考虑当下的心态与应对的方法。实战可不是静态的图形，而是时时刻刻在跳动的行情。像上面那样用百分比的方法，可怕之处就在于忽略了行情是时时在变动的。

其实在突破或跌破的前期乃至当下，走势已经很清楚地显示了买卖双方的力道。此时一是可以事先预判，二是观察当前情况。向上突破后，多头就该如象棋中的过河卒子一样只有勇往直前一条路了，那就是涨。在没有与原来压力线拉开一个空间时，任何

第6章 N字理论的哲学思想

的回调与价量关系出现不正常的现象，都值得我们警惕。我常形容这是一个"福祸本相依"的时期。这里要求必须赶紧与原来压力线拉开一段距离，是因为一般过前波压力后，都会涌现两股卖压，一股是前期的套牢卖压，另一股是底部买进者获利出场的卖压。如果用N字理论来观察突破与跌破，其重点在于"过再过"与"破再破"，还有就是搭配着"行进间的六分法"来研判。我还在原来的N字理论基础上开发了"预判K线"的研判法则，可以提早知道突破与跌破的有效性，加强了N字理论这方面的实战性。这也是我一再强调的任何理论或指标必须考虑实战性的原因，否则只是好看。事后看着K线图讲故事谁都会，但要想用来在金融市场中赚到钱，那就只能说是缘木求鱼，看看就好，都别太当真了。

其实人生也是如此，每当创出人生高潮时，反而需要时时抱着如临深渊、如履薄冰的心态。放在股票上说，创出新高不是轧空的中继站就是头部反转，两种截然不同的可能，也就是前述的"福祸本相依"的两可阶段，如果不能持续进步，保持心态的冷静，一味地骄傲自满、目中无人，自然会遇到空头抵抗的情况；如果还没有守住末升低点，那就只有做头下杀的可能。

古希腊悲剧作家欧底庇德斯有句名言："神欲使之灭亡，必先使之疯狂。"历史上的故事与我们的人生，不常常在显示着这一道理吗？股市中的每个头部，不都是因为越过前高后，没有持续的动力再次推升，让卖方找到机会出货而形成的吗？如图6-2所示的头部。

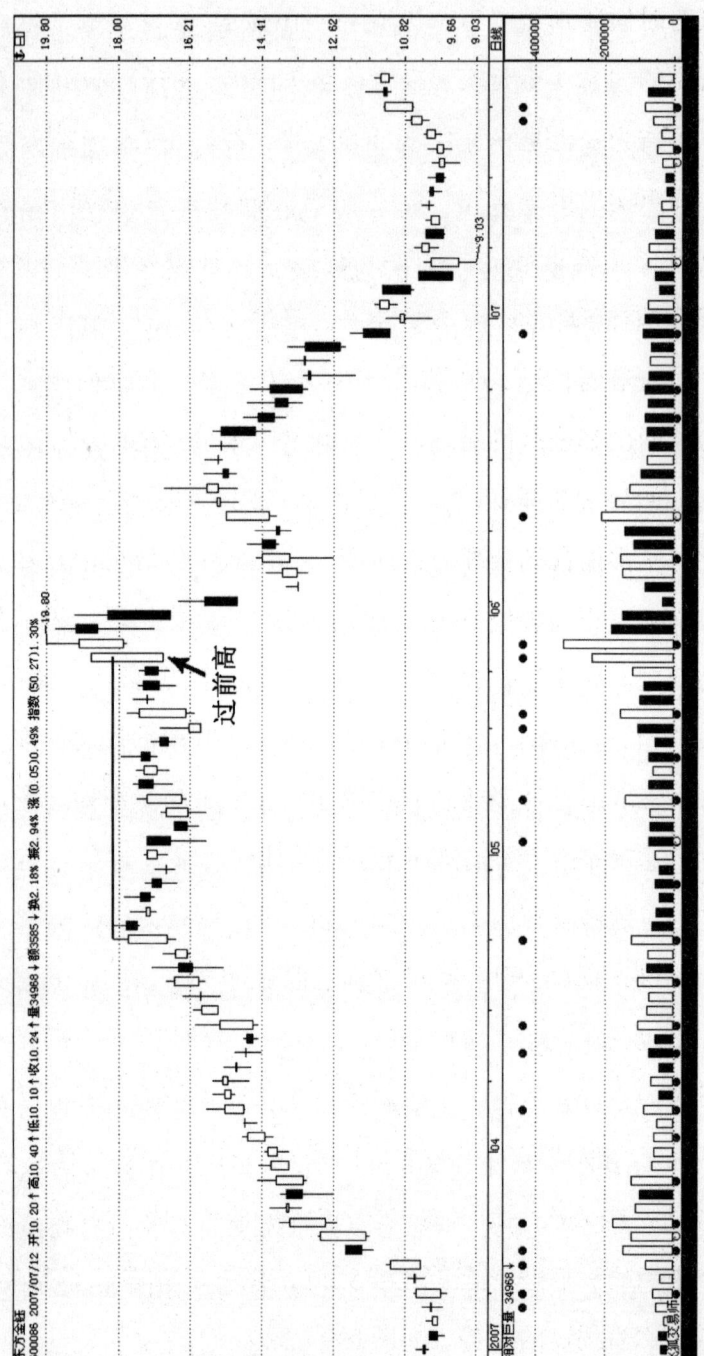

图6-2 过前高做头

所以有时候还真是"有一种胜利叫做撤退"。这让我想起当年毛主席所说的"拿一个延安，换老蒋整个中国"的名言。有时候卖出筹码，落袋为安也是一种智慧与勇气的表现，在第一次跌破支撑后的反抽高点卖出更是勇气的表现。卖出筹码的原因是因为已跌破重要的支撑线（例如颈线或者末升低点等），在没越过前高时，任何的回调都是有可能的，决不要轻易去赌过前高。恩师李进财有句名言："关前最弱，过关最强。"任何重要关卡，在没向上突破之前，任何的回调都是有可能的，前高就是一种很重要的关卡。或许有人会问，如果卖出筹码之后又过了前高呢？那是另一套追涨战法，只要每次都能找到合理的止损价位，任何价位皆可以进场。只要严守好跌破了止损价位坚决离场卖出筹码的操作纪律，追涨并没有太大的问题。如果追高做对了方向，行情一路上涨就一路抱牢，采取波段的趋势止盈法，甚至可以用长线保护短线的概念，在一路上涨的途中采取高抛低吸或者调整持仓仓位的策略做波段，赚取更大的利润。这就是N字理论的重要操作依据与思路。

相同的，跌破支撑时，也会伴随着一波"多头抵抗"，是否能把握这一契机，反败为胜，跌破之前与跌破的那一瞬间，就是关键点。底部正也是因为多头的抵抗而产生的。有时候我特别喜欢赶底，那时因为也许卖压太大，或者市场氛围还不够惨淡，就已经有人介入抄底了，形成了一个头肩底的左肩，最后再破底追杀一下，跌破的当根K线或次一根K线立刻有多头抵抗，拉抬起来形成右肩，一个漂亮的头肩底形态就这样完成，接下来就看怎么拉抬了。这就是坊间称为洗盘的走势，如图6-3。

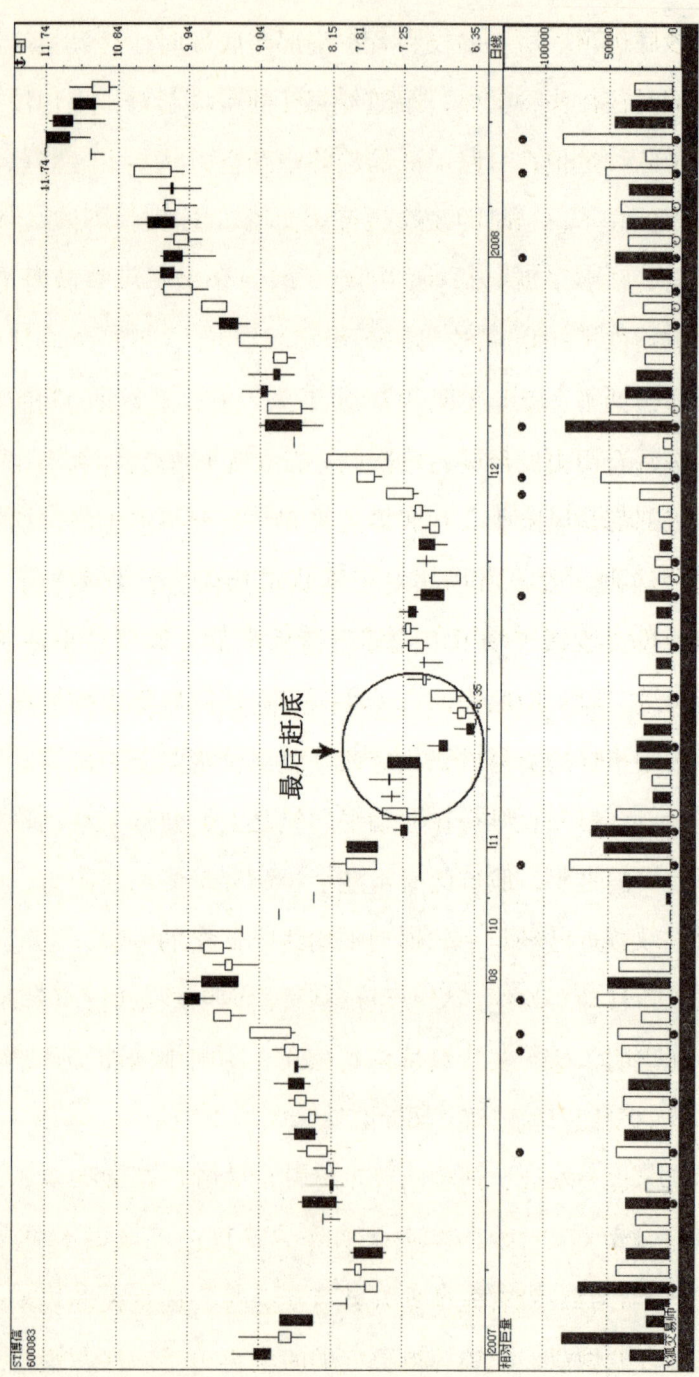

图6-3 最后赶底洗盘模式

再说说抄底逃顶。所有的投资者在头部与底部时，总是最迷惘的——在头部时往往头昏脑热，跟随着疯狂的市场起舞，生怕没有跟上趟、掉了队，生怕在一路上涨的趋势中踏空，从不去冷静思考当时价位是否偏高了，当时的风险是否太大了。我常说，涨多了就是最大的利空，跌多了就是最大的利好，因为涨多了风险就大了，能赚取的利润就少了；相同的，跌多了风险就小了，不是大多数持股者不愿卖那么低了，就是筹码相对稳定了，将来可获取的利润相对多了。回头看看历史的经验，每次的头部都是风险大、利润相对少的区间，底部都是风险小、利润多的区间，甚至很多小波段的转折也符合这种法则。股票市场相对于期货市场而言，节奏慢了一点，也就是说投资股票市场可以先等行情稳定了，最少是止跌了，再考虑是否买进。就一般股民而言，应该买在回测底部支撑的第二只脚。如果采用指标的交易方式，应该等股票价格向上突破移动平均线之后，股票价格一直维持在移动平均线之上，使该条移动平均线由下跌开始转向走平，股价此时可能会拉回移动平均线附近，此时一是可以采取接近已经走平的移动平均线时低接的方法；二是不管是否跌破该条移动平均线，当股票价格再次向上攻击时，买入股票。必须在此说明，这种买法只是葛兰氏八大法则中四种买点之一而已，并非我的发明。例子如图6-4所示。

人生的起落也是如此，遇到自己不顺利的时候，最该做的不是四处乱撞，而是静下心来，客观地评估一下自己与大环境的情况——是自己太心急，没有先计划好就盲从急进，还是大环境不适合现在强势猛攻的做法？应该等待更好的时机再出手。仔细观察一

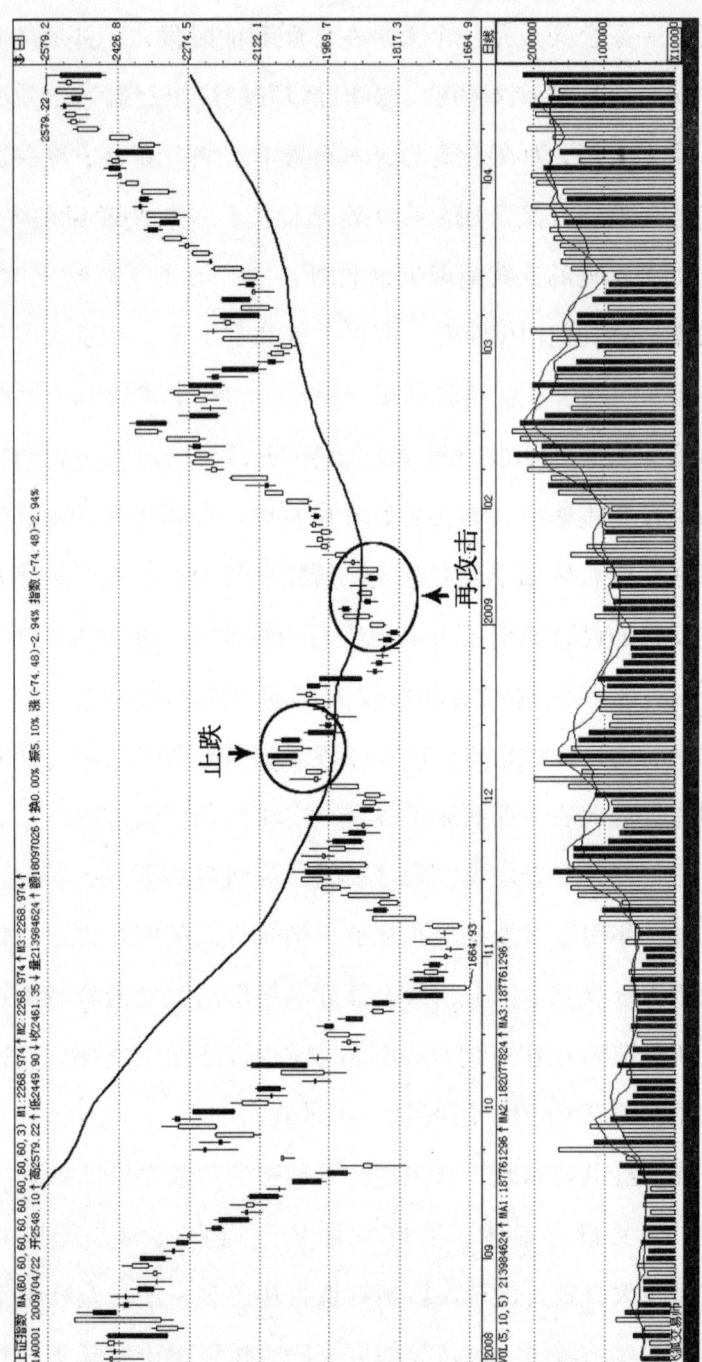

图6—4 上证指数2008年年底先让移动平均线走平然后再突破攻击

个朝代乃至一家公司或是一个人，在不顺利的时候，若还是不检讨反省，一味拼命地想挽救颓势，一般都是越努力反而情况越糟糕。就像股市中做头后，如果没有先让筹码安定，自然落底，一味地想拼命急拉，一般也都是形成另一个高点而已，这就是常见的M头，在指标上就是常见的顶背离现象，如图6-5。

买股票与做任何事情都是一样的，时机是一个影响成败的非常重要的因素。

观察所有的底部形成，都是先让空头力竭，也就是跌到位了，空头的力道发挥完毕后，多头才好开始打底。以历史来比喻，清朝末年的那些名臣，诸如李鸿章等人，所作的努力最后都只是下跌途中的无谓反弹而已，花费了一生的精力，最后只换来让清王朝再苟延残喘了几年。虽然这些历朝历代末年的忠臣其心可表，其情可悯，但孤臣无力回天的根本原因在于没看清楚趋势的力道，白费了努力与心血。因此古人常说成事需有"天时、地利、人和"，无论是个人、公司还是一个团体，要成其功，完成一项任务，天时、地利、人和缺一不可。买股票也是如此，慎选介入的时机也是技术分析的一大重点。就基本面分析来看体质与行业前景非常好的上市公司，如果买其股票在相对的高位，或者说不合理的市盈率的价位，想赚取股票波动差价的一般股民，可能照样会遭受无谓的套牢压力。所以在人生的道路上，如果遇到不如意，请学儒家"每日三省吾身"的功夫，静待整体环境与个人的止跌信号，也就是静待时机。时间有时候是最好的解决方案，股市中不也常有以盘代跌的控盘方法吗，也就是一个"拖"字诀。用"拖"字诀也是无奈，螳

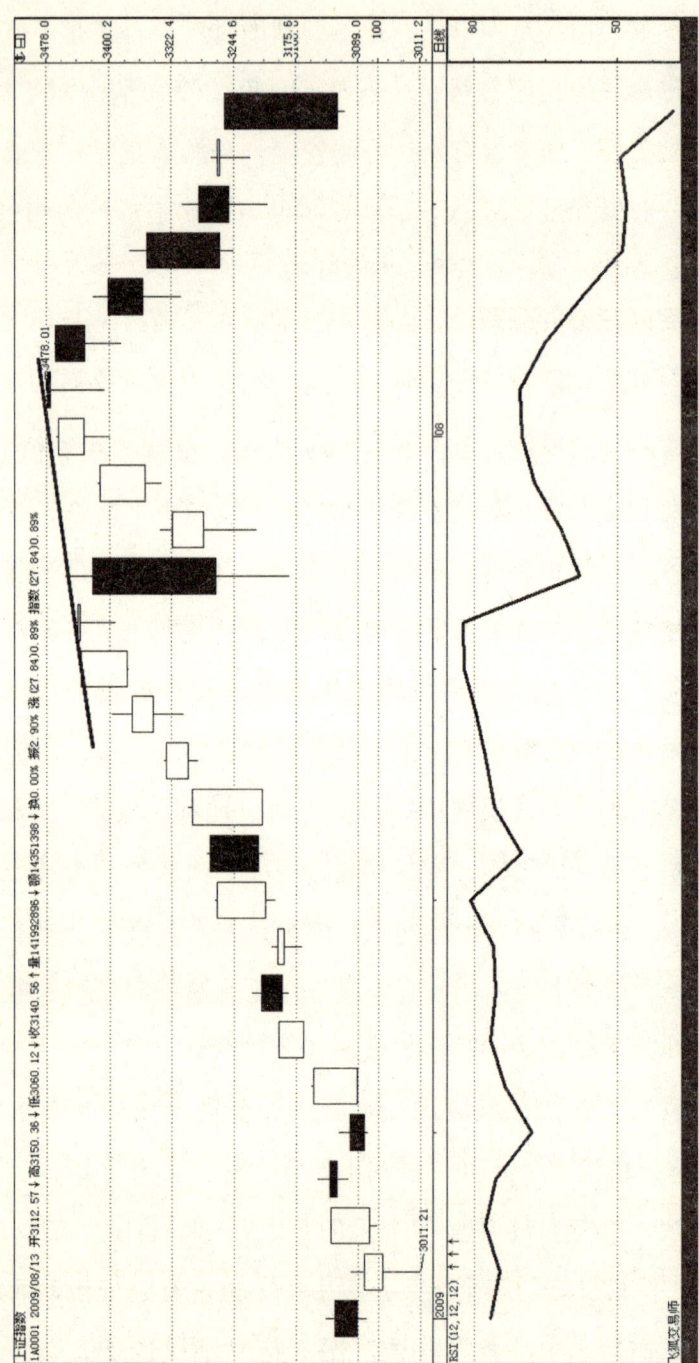

图6-5 上证指数2009年7月29日创出一反弹高点后迅速回落，然后于2009年8月4日快速上攻过前高，由于涨势过猛，造成RSI指标顶背离

臂挡车不仅是徒费力气，而且还会影响后面的反弹回升，最好还是等出现了止跌信号后，顺势作出打底盘整的态势，先让情况不再恶化。在一片慌乱的下跌态势中，无论是个人还是团体，都容易作出错误与非理性的决定。但是在打底盘整期间，并不是什么事都不做，而是应该像越王勾践卧薪尝胆那样蓄积力量，待盘整时期一过，再奋力突破盘整的颈线位，尤其在过颈线时更需要一鼓作气拉出一段涨势，如此就能将跌势扭转为涨势。所以当投资者遇到投资不顺利时，最先应该做的是冷静思考与反省这段期间的操作纪律与操作心态哪里出了问题，是因为急功近利、操之过急，还是杂务太多，无法冷静分析行情走势，贸然出手下单？弄清楚了问题出在哪里，然后可以选择休息一段时间，调整好心态或是看准了时机再进入市场交易。我们都是人，人都有情绪的起伏，也都有疲劳的时候，休息是为了走更长远的路，偶尔空仓又如何？

许多股民不怕套牢，就怕手上没股票，这是一个非常大的误区。如前所述，一般涨势可能只占整个市场走势中不到 1/3 的时间，加之涨势一般又快又急，所以实际算起来真正的涨势可能甚至占不到整体市场走势的 1/5 的时间。由此观之，投资者应该时常保持空仓，大部分时间里手上没股票才是正确的操作方式，而不是在几乎 4/5 甚至所有的时间都持有股票。尤其是从 2008 年以后，中国股市正式进入了机构投资为主的时代，在这一时代中，有一特色就是每年基本会有一波行情，原因是各机构每年都会绩效考核，或是各基金的评比等，一是为了基金持有者可以考虑之后的操作策略，二是考核各基金经理人当年的绩效，所以机构必须做一波行情来显示各经理人的年度绩效。在这样的时代背景下，投资者应该每年都会有一波行情可以把握，好一点的年头一年内可能可以做两个波段，因此，其余时间大可不必抱着股票过日子。可以天天关心行情波动，保持对市场的敏感度，但不是非要持有股票才能保持这样的感觉。一般投资者又不像机构那样必须维持基本持仓量，也就大可不必手上一定要有股票才能过日子。这就像专业的心理咨询师对待咨询者一样，只需听得懂股票行情走势所发出来的声音，给予正确的应对，不要跟股票产生感情。

股票市场可以等待止跌信号发生后再慢慢寻找适合的买点进场，但是期货或者外汇等金融商品，就不能如此操作对待。这些信用性扩张的理财工具其实玩的就是转折点，也就是拐点，如果要像股票那样慢慢等止跌了再找买入点或是等止涨了再找放空点，一来利润太少，二来反应太慢，常会遭受行情剧烈震荡之苦，等到行情止跌再攻击时，常常买在反弹高点，一买入行情立刻反转向下，要不然就是卖在起涨的第二只脚，一卖出行情就开始上涨，所以找拐点就成了重点。如果用中国的成语来形容拐点的情况，我常用"物极必反，否极泰来"来形容。请注意，咱们生活中的很多话都与易经有关，像"否极泰来"，就是来自易经的卦象。泰卦就像是过年时那种愉快的气氛，三阳开泰，万物开始欣欣向荣；否卦简单地说就是背到了极点。如果以证券市场走势图为例，就像2005年上证指数的998点一样，如图6-6、图6-7、图6-8，那里就是所谓的"否极"之处，也就是之前所提到三重滤网中月线、周线、日线都到了KD值的超卖区时。

第 6 章 N字理论的哲学思想

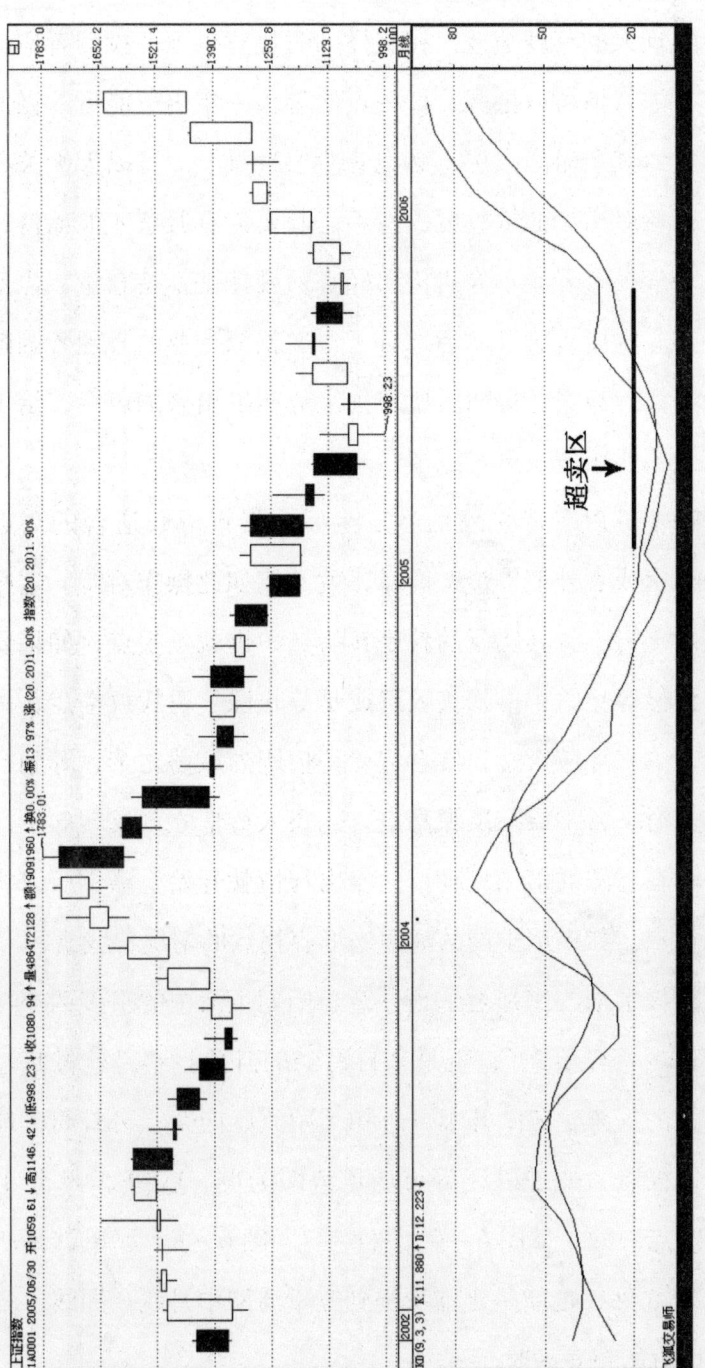

图6-6 月线的KD值进入超卖区20以下

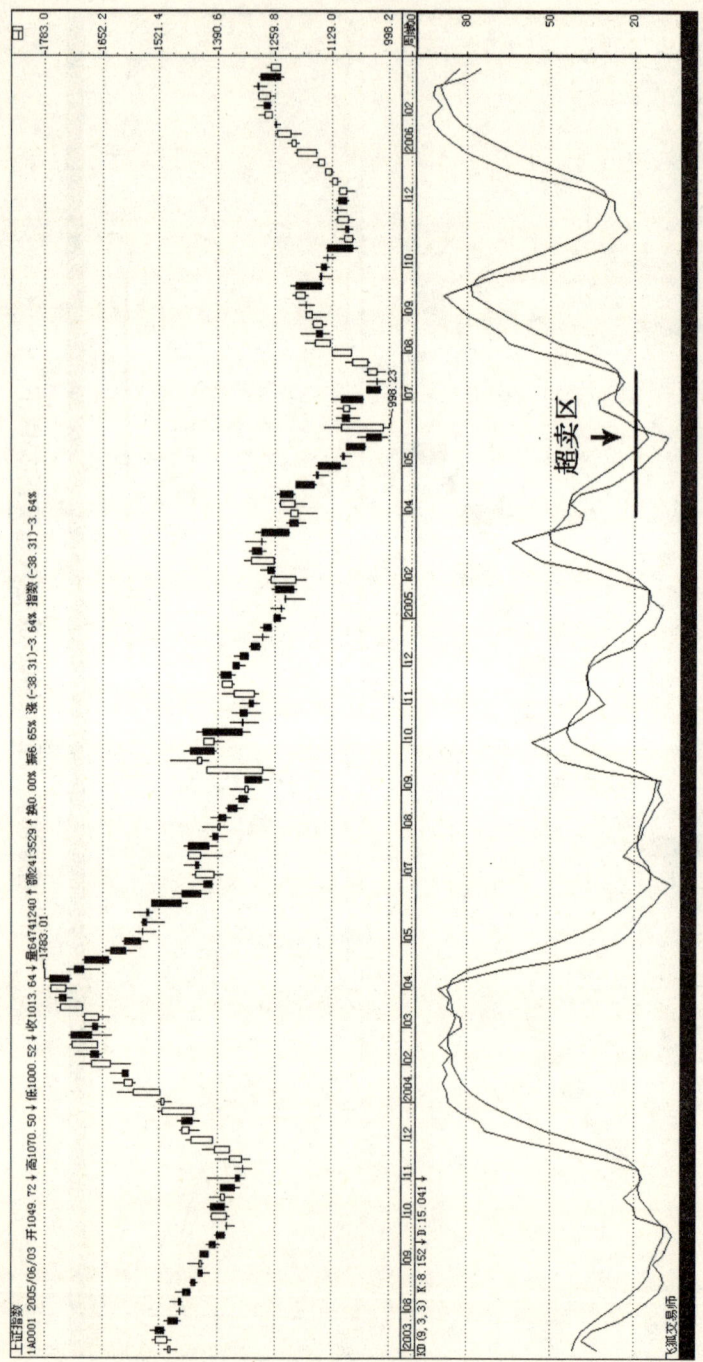

图6-7 周线的KD值进入超卖区20以下

第6章 N字理论的哲学思想

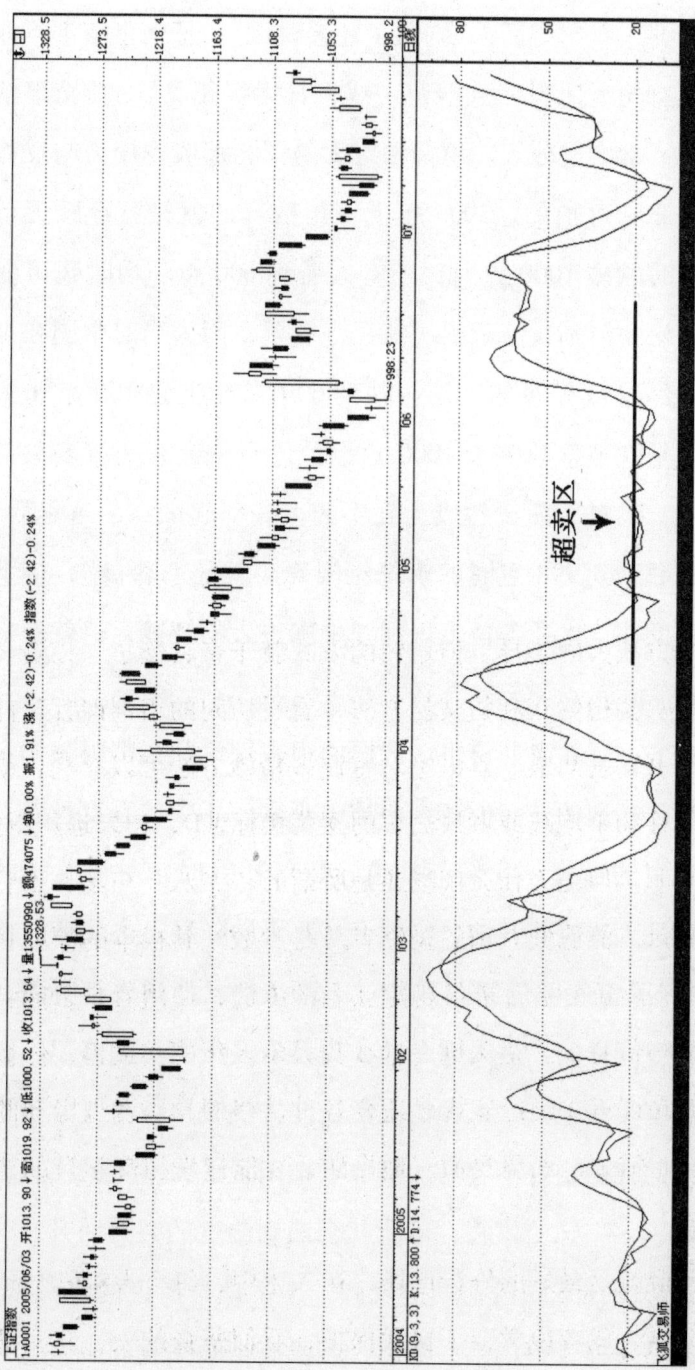

图6-8 日线的KD值进入超卖区20以下

咱们中国人有句俗话,"狗急了还会跳墙",任何事情都不能做得太绝,还有句俗话叫"人情留一线,日后好相见"。什么事情都要见好就收,别太过分了,事情做得太绝了,那股作用力与反作用力的影响是非常可怕的。2005年上证指数真的就是已经跌无可跌了,记得当时跌破1000点时,还有人看到600点。当时我可能是第一次在论坛中鼓励大家砸锅卖铁买进股票,因为当时中国在世界经济体中已经是世界级的工厂,跌到600点的机会实在是非常渺小,又刚好是跌破整数关卡1000点点位,至少会有一波多头抵抗的反弹行情,不料后面竟然成为狂牛的大底部起涨点,这是后话。当时上证指数跌到998点时的市场氛围确实就是"否极",接下来凶猛的多头反扑,也让各位见识到了中国古人的智慧,这就是物极必反的道理。

道不远人,远人者非道也。股票的很多理论其实都跟我们日常生活的道理是相通的,我们若细心地去观察一年中的春夏秋冬,就能体会出其中的道理。我们都知道,每年初春时,一片温暖的天气,在真正进入春暖花开前,突然会有几天的降温,这就是"倒春寒",这就像股市底部的第二只脚——若是把温度画成走势图,不也是一样吗?同样的,进入寒冬前,先是有几天突然的降温,随后会有几天温度突然上升,这种情况常让北方供暖单位与气象预报单位饱受舆论的抨击,好不容易加班加点把闲置了大半年的供暖设备与管线搞好了,一开始供暖,可能就会遇到温度的突然回升,这等于是温度走势图在下跌段初期的反弹。N字理论所说的多头抵抗,就如我们出拳一样,打出第一拳后,若没有把拳头收回来,怎么可能再出第二拳？这就是N字理论中强调N字与倒N字是最小攻击形态的根本原理所在。在日常生活中，如果我们没有日历作为依据，遇到前述那种降温后再次升温的情况，可能也会有将要转暖的错觉。

股票市场中由于没有可以依循的"日历"，所以投资者常会误将反抽当作是回升行情而买在行情做头后的反抽高点，或是卖在打底后的第二只脚。行情走势最容易让人迷惑的是现在到底是下跌还是上涨的中继点，或者反转拐点真的已经出现了，所以必须要有理论依据来解决这一问题。在N字理论中就有末升低点、末跌高点可以依循，一是可当作多空转换的依据；二是能够拿来用于实战，作为趋势的止损点或止盈点。更重要的是，买股最怕买在下跌的半山腰，就像2008年一年的下跌，哪里才是该出手的点位，这谁也不知道，但是我们如果用了N字理论的抄底方式，任何的抄底都有了依据。

末升低点、末跌高点的使用都有其前提，如果单独以末升低点、末跌高点为依据，那也跟没有学过的一样，流于武断与盲目。这里必须再次强调，N字理论的重点在于综合研判，不能只用这一招一式硬套，这样用N字理论那是糟蹋了该理论的优势，这也是让我最担心的事情。N字理论的定义都很简单，由于定义清楚，不会有模棱两可的情况发生，所以只要看过定义后，就能知道某一定义所提的关键点位是指什么点位，但是真正运用于实战中，就必须非常小心。

N字理论如果学得好，在股市中赚钱是很正常的，若是学得不好，也能成为一个解盘的高手。N字理论有许多依据点位，盘后写解盘，可以描述的情况与理论依据太多了，写成洋洋洒洒一大篇非常容易，但在实战中没有掌握好N字理论的精髓与分析的思维逻辑，最后的结果也是左右为难，不知该如何出手。N字理论与波浪理论、江恩理论一样，是能解释整个大局与各种盘态的理论，而且N字理论具备类似中国古代五行系统的特点，我将其称为一个"圆的逻辑"或者称为"狗咬尾巴"的逻辑系统，也就是看似怎么解释都对。五行理论被现代人看作是八面风四面堵的逻辑骗局，原因就在于此，但是，如果把五行理论的根基弄懂了，知道了各种主、客体关系，就明白五行理论其实最终也是按照着现代逻辑学去思考、去推理的，得出来的论证结果一样非常好用。N字理论也是如此，若只是拿N字理论来解释盘态与事后看着K线图说故事地解说大盘，一般股民可能很难看出其破绽，但是大家在股市中，要的是真金白银，不是来听或是来学过去已经发生的事情，那一切都"俱往矣"。

　　我在授课时常采用一种方式，就是把右边一大块的K线图盖住，利用类似飞狐软件中的训练模式，在画面未出现后面的K线前，先讲后面的行情走势会怎么走，应该如何去应对，然后让软件将一根根K线一步步显示出来，直接让学员们去印证所推测与所规划的战法是否适用。其实每一根K线彼此都有关联性，更何况有些关键K线出现时，更要讲清楚"当下"照着N字理论操作原则应该如何应对。每一个学员必须达到这一水平，才能说读透了N字理论，也才可能在股市中赚到钱。我常说，解说已经发生的图形，不是学问,要讲解那些已经发生的事情,可以找出几十种理由与学说,真正的学问在于K线图形还没发生的部分,因为实战中,我们面对的是还未发生的事情,不是那些已经发生过的走势图。请注意这里不是让读者去找什么神奇预测术,而是应该学习在实战中如何去作出适当的预判与应变方案,这才是学习技术分析的重点。同样的,在学习技术分析理论的任何操作方法时,必须考虑该理论、指标或者操作方法的实战性,就是适应于盘中随时跳动的价位,而不是用在盘后那些静止的、怎么讲都对的情况。

止跌与刹车,盘整与拔河

前面多次提到止跌的概念,这里再来多谈一些。

如果用刹车来形容止跌,可以说非常形象,也非常好理解——刹车有可能立刻让车辆停止前进,但也常常会因为惯性让车子往前冲一段才停住前进的势头。要是把股票运行的规律跟自然界的一些情况相应合,就会感觉股票技术分析理论其实是非常优美和谐的,并不是那么苦涩难懂。如果每次都把一招半式的特例当作什么操盘定式来学习,不能掌握大原则的中心点,那就是在旁枝末节中绕,这样的招式可说是千变万化,数以万计都是可能的,学得完吗?盘中走势又该选择哪一种定式来应对呢?所以等掌握了像N字理论这样的大原则后再去看某一定式或是一套战法,会特别容易接受,甚至能更加深入地了解该操盘定式应该怎么应用,因为掌握了股票波动的大原理,万变不离其宗。现在要谈的止跌就是一个很重要的大原理——下跌过程中没有止跌信号,就没有买入的理由;上涨过程没有止涨的信号，也同样没有卖出的理由。

　　由于N字理论中的止跌信号牵涉太多基本定义，这里就先用移动平均线权当一个标准来说明止跌信号。一般股民从基本面或月线、周线、日线格局看好某只股票后，每次到了分线格局去决定买点时，常常不知所措，现在介绍的这种方法，就是利用了分线中止跌的概念：出现止跌信号后，看到再次攻击时就大胆买入。这样的买法比盲目地去找所谓支撑价位相对安全稳当了许多。

　　请比较图6-9中分线图的惯性。若是一路杀跌的盘口，基本上是不会碰到盘中均价线的，就算跌到了位，分线图里面没有出现止跌的信号就不该贸然买入，除非读者自己功力已经非常高超，可以利用乖离率太大或者N字理论中的一些抢反弹的战法去摸底，那是有可能买在低点，但是这种做法对一般的投资者来讲，是相对危险的做法。中国股市还是T+1的交易制度，如果盘态突然转弱，可能无法在当日卖出筹码，所以建议采取如图6-9的做法，先等股价过了盘中均价线（图中圆框B中所标示的止跌信号），拉回再攻击时（图中方框标示的区域）买入，此时买入的大前提是不能跌破圆框B点止跌信号前的最低点，宁可追高都比去没理论依据地低接稳当得多。请注意图6-9中圆框A中所标示的，虽然股价越过了盘中均价线，但又跌破了均价线的低点，而且越过盘中均价线后没有后续再次攻击的信号，所以圆框A中的两次止跌信号发生后都没有买入股票的买点发生。也就如前述的，虽然刹车了，但是没有让车子立刻停下来，可能还有一段惯性的下跌走势，因此后面又跌了一段才止住跌势。这个方法其实也是葛兰氏八大法则中四个买点

第6章 N字理论的哲学思想

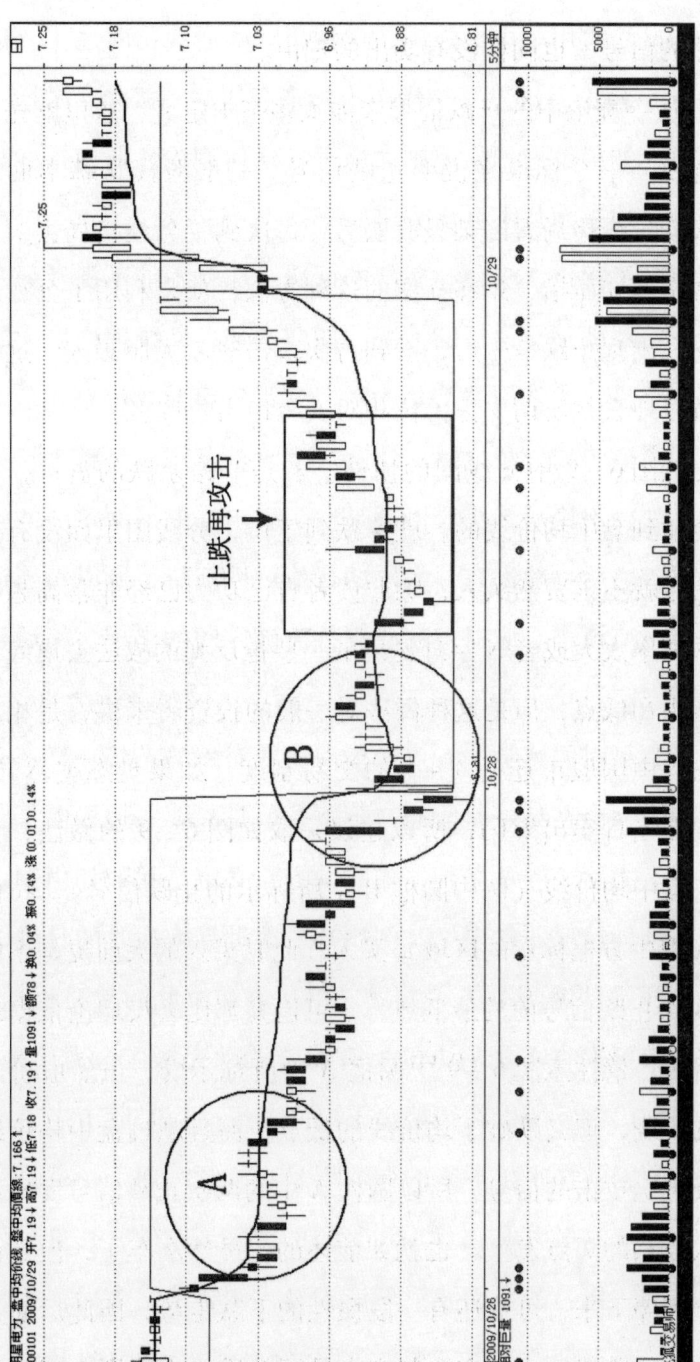

图6-9 以越过盘中均线为止跌信号

中的一种的灵活应用。再次强调，这种止跌然后攻击时才买入的概念取自于 N 字理论，这里只是借用指标来表达这一概念。由这一例子也能看出，如果掌握了大原则大原理，任何理论、任何指标都可随意灵活地应用，而且不会出大错。

既然提到了拐点、头部与底部的情况，那就不能不提及另一种重要的盘态，那就是盘整盘的情况。如前所述，K 线理论最大的罩门就在于盘整盘，我常用"势均力敌"来形容盘整盘，也就是因为多空双方的力道势均力敌之际，才会发生盘整盘态。盘整盘常见于攻击的一半处，不论是多头攻击还是空头攻击，就前面章节的论述可知，盘整盘之后一般都有一大段的行情可以期待，所以每当遇到盘整盘时，更应该小心应对，耐心等待突破方向的出现，然后再伺机出手。

等待盘整盘时的感觉，有点像拔河比赛对峙的态势一样——拔河比赛的两边，会在某一时段僵持不下，但是只要一边松懈了，或是另一边加大力度，胜负立判，输的一方，必定是兵败如山倒。翻看战争史，这种情况非常多见。例如第二次世界大战时的日俄诺门罕战役，一开始日俄两军势均力敌，相互争夺彼此的战略根据地，但等到苏军朱可夫将军把后方的所有物资调动完毕，全力出击时，日军就兵败如山倒。所以在行情盘整期间，反而应是股市老手最紧张的时候，原因就在于接下来的行情不是一波倾泻而下，就是一波突破暴涨。传统的 K 线形态学中讲形态的突破或跌破，其量测目标都是该形态的一倍，若是用波浪理论来看，调整浪结束后，就是推动浪的开始，盘整期就是第二浪、第四浪或是调整浪中的 B 浪。如果用等浪或者扩大浪的目标量测角度来看，未来的走势将是更可怕的。所以，以后遇到盘整盘，一定要小心翼翼。

有过爬山经验的人都知道，在攻上山顶前，最多只能休息两至三次，否则就会感到非常疲劳，后面的路程也会感到非常辛苦，这跟古人所讲的作战法则一样，就是"一鼓作气，再而衰，三而竭"。有人把波浪理论看似一自然规律的原因也在于此。

很多事物的波动规律确实符合波浪理论的三波攻击、两波调整的节奏。市场的节奏大致有几种，一种是轧空一路上涨，或追杀一路下跌，走得又急又快，中间的回测或反弹都很少；另一种就是盘整盘，这里面的情况就非常复杂了，有进三退二的，有进一退一的，更有进一退二的节奏。每个人的情绪也是有节奏的，也就是我们常讲的高低起伏。有些人在某一段的行情操作特别顺利，但是遇到另一种市场节奏时可能操作起来就不是那么顺手，问题就出在节奏上。当个人的生理或心理节奏刚好与当时的市场节奏合拍，那当然操作起来顺风顺水，怎么做都对，这就是一般人所说的走运了。但是学习过技术分析后，又能够真正克服个人性格上的一些弱点的高手们，在任何市场节奏中，都能按照操作纪律严格执行自己的进出市场的高胜率的交易法则，所以能保证稳定获利。以 N 字理论为例，N 字理论能事先研判出盘态可能是盘整盘时，此时就必须由波段式操作改为快进快出的模式，也就是逢高就卖，回档时再进场接盘；如果用 N 字理论研判出后面可能走一路上涨的轧空盘，买进后就一路抱牢，采取的是波段的做法。

投资股市胜败的关键在于能否抓住市场的节奏，进出有所依据，这项大原则把握好了，其他的旁枝末节就容易多了。先抓住主要的矛盾点，再处理次要的矛盾点，掌握住市场的大节奏，然后再去处理好每次买入卖出的节奏，坚持每次做单都保持着大赚小赔，风险可控，让利润无限放大，这样就能减少所谓运气的成分。知识真的能改变命运，这就是一项很好的证明，有了过硬的操作方法，才能在投资金融商品的道路上永保安康。

趋势也有轮回

趋势是什么？趋势就是基本面、技术面、资金面乃至于心理相互激荡、相互磨合后的综合结果。炒股或者从事任何金融投资，玩的就是趋势。趋势的力量如前所述，趋势一旦形成，纵使倾全国之力也只能暂时抵挡一时，当政策效应或者救市基金耗用完毕后，行情将继续朝着趋势发展的方向前进。之前所述的三重滤网思维模式，就是先看大格局的趋势，然后再看在这月线大格局中更小的周线、日线的趋势如何发展或转变，找出其间的相关性与变化之道，由最小的N字攻击力道和力道的消长，找出后续盘态可能的发展方向，就能找出大周期与小周期的趋势方向与拐点。

由于N字理论就是一个自然的规律，所以能解释万事万物的变化，比中国哲学思想中道家所说的"道"更进一步的是，N字理论将以往所说的力道予以量化了。卦理其实也分为数与象，数字涵盖着一种思维方向，卦象是另一种思维模式，但两者都能表达某一种事物变化的规律，这种情况就像物理学中的光，既可解释为粒子，也能解释为波动一样。但变化之中阴阳力道的消长，对习惯眼见为实、耳听为虚的现代人而言，模糊、深奥了些，N字理论刚好可以弥补这一空缺，实实在在地将万事万物变化过程中的阴阳力道消长予以数字化与定量化。

举一实际的例子，以中国命理中的十二长生为例。十二长生就是长生、沐浴、冠带、临官、帝旺、衰、病、死、墓、绝、胎、养。请别一看到死与墓就开始紧张了，一讲到帝旺、临官又开始批评是封建迷信，要知道在封建时代，形容一个生老病死循环的十二种过程，只能如此定义与描述。看待古代的学说与理论就该站在那个时代去思考，才能看清楚该学说的本质与核心思想。也就是本书最开头所强调的，学习任何的理论与学说，必须把来龙去脉搞清楚，把创办人的一生大概经历先弄明白了，才能掌握其中心思想。

我利用N字理论解释十二长生之前，先将每一长生赋予一个参数，然后观察这十二长生经过六十甲子的变化过程，如图6-10。

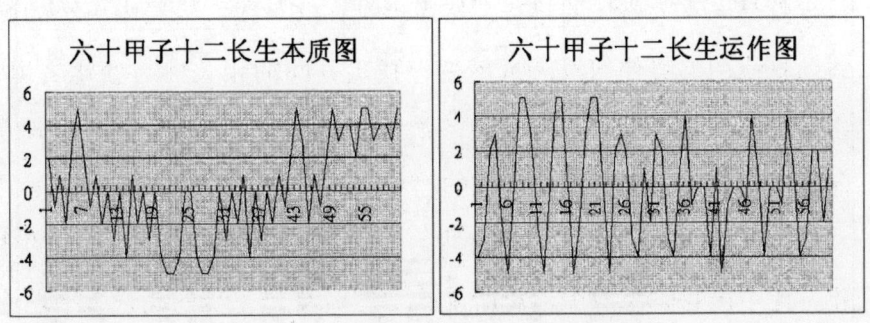

图6-10　六十甲子十二长生本质运作图

从图6-10中我们可以得知，看起来六十甲子表面的运作都大同小异，起伏波动不大，但其内在的变化，也就是本质图所显示的还真是应了那句古话——"三十年河东三十年河西",其中也是经过一个打底的过程,然后突破颈线位,接着会遭遇空头抵抗,再次冲关就进入另一个上层的箱体运行。

股市其实也是一个循环的过程,牛市过后一般是熊市,熊市过后一般紧跟着就是调整市,调整市后就非常有可能是另一波牛市的开始。所以就探讨循环理论的角度而言,在中国古代有关循环过程的论述中,表述最为有体系的当属十二辟卦。所谓十二辟卦,简单地说就是利用六十四卦中的十二个卦来代表一天或是一年中阴阳消长的情况,如表6-2。

表6-2 十二辟卦

卦名	坤	复	临	泰	大壮	夬
卦象	䷁	䷗	䷒	䷊	䷡	䷪
农历月份	十月	十一月	十二月	一月	二月	三月
节气	立冬 小雪	大雪 冬至	小寒 大寒	立春 雨水	惊蛰 春分	清明 谷雨
时辰	亥	子	丑	寅	卯	辰
卦名	乾	姤	遁	否	观	剥
卦象	䷀	䷫	䷠	䷋	䷓	䷖
农历月份	四月	五月	六月	七月	八月	九月
节气	立夏 小满	芒种 夏至	小暑 大暑	立秋 处暑	白露 秋分	寒露 霜降
时辰	巳	午	未	申	酉	戌

股市既然是一个趋势涨跌的循环过程，其中就会暗藏着多空力道的消长，N字理论就是用多空力道的消长去看趋势是怎么延续与转折的。既然讲的是多空力道、涨跌趋势的循环过程，当然与十二辟卦阴阳消长的原理一致，所以股市的涨跌也应该顺从十二辟卦循环的次序。例如，十二辟卦中的复卦就能看成是股市的打底开始，所谓冬至一阳生，不就如同股市的打底过程吗？又例如十二辟卦中的姤卦，可以视为股市做头的开始，夏至一阴生，不就如同一波涨势以后的做头行为吗？有头部、有底部了，中间的其他十个卦象，不就能作为牛市、熊市循环过程的依据了吗？照着这个思路去研究，其实非常有味道，也非常有发展的潜力，如果细讲可能还能写成一本专著，有心者可深入研究。

在本章节结束前之所以会写这十二辟卦，一个主要原因是让读者了解所有趋势循环的原理或者学说其实都很类似，老祖宗们留下了许多关于这方面的充满睿智的学说。这十二辟卦与波浪理论有很多地方也是相通的。另一个主要原因是想提醒许多喜欢拿易经应用于股市或金融市场的国人，与其天天打卦，天天预测盘势涨跌，或是用节气去预测变盘时间点，还不如好好研究这十二辟卦的阴阳消长，将其转换为股市多空的力道消长，从这一角度去研究，收获可能远远大于把易经或者卦理当作一种预测术大得多。

第 7 章
浅谈交易心理

赚钱的方法大同小异，但赔钱的方式就千奇百怪了。投资者缺少的并不是一套稳健获利的交易方法，看看坊间的培训课程与汗牛充栋的股票书籍就知道，其中绝对有许多精妙方法可以获利，就算是只用两条移动平均线或者最简单的摆荡指标KD，如果运用得宜，照样获利不菲。但是为什么市场还是所谓的"二八"市场，不管是牛市还是熊市，能稳健获利的投资者总是少数？其根本的原因在于信心和坚持，就算学会了能够稳定获利的方法，使用者是否能够有坚持的毅力与信心，才是关键。这在我教学多年的实践里，体会特别深，即使在课程中已经安排了适合各种性格的投资者进出场的方法，最后还是需要一而再再而三地提醒，才能慢慢扭转学员的错误操作习惯。

　　其实股市就是最好的修行道场，在人生中，每个人都学会了隐藏性格的缺点，或者说学会了自我保护，看似坚强的人，其实都有人性上的弱点。这些弱点造成的交易上的损失，可是立竿见影的。交易亏损又造成自责，使人在投资的道路上，总是陷入自责、改过、再入市、再自责的循环过程。在国外，对由于个人性格造成的交易损失也多有专著研究，国内网络论坛中最热门的话题除了黑马股与指标外，大概就是交易心理方面的。就我观察，其实每一种交易方式都可能造成不同的心理影响，所以研究这方面的前提，就是先确认交易的方法，用均线系统与用波浪理论，两者对交易者的心理影响绝对不同，喜欢短线交易的人其想法与波段交易者的想法也绝对不同。因此，在学习任何一种交易方法或操盘术之前，必须知道自己的好恶与自己人性上的弱点，甚至说要先了解自己心灵最深处的死穴。但是人心可以说是天下最难测的，很多隐藏在内心深处的负面东西，自己都可能忽略，或是习惯性地刻意保护。如果没有专业的分析，很多细微的人性弱点，是非常难察觉的，这些心理状况可能是自责、烦躁、轻易放弃、自暴自弃、轻率浮躁，更可能是在内心深处根本就不相信自己能成功致富。

中国人在骨子深处有一种排富的心理，这一是因为古代掌握思想与话语权的文人大多是穷酸书生，二是因为中国文化深受道家思想与佛家思想影响，多是鼓励人们淡泊名利，从小读的书与被灌输的思想中，都有着非常深的排富情结。所谓排富情结，就是觉得有钱不是什么好事，应该淡泊名利，一箪食一瓢饮足矣。其实应该用儒家的标准来看待财富较为中肯：一是君子爱财，取之有道；二是子曰："邦有道，贫且贱焉耻也；邦无道，富且贵焉耻也。"在现在这个中国千年难遇的好年头里，在这个只要肯努力，大把机会致富发家，贫穷反而是不对的。

以上种种心理状况都是可能造成交易失败最根本的原因，也是容易被人所忽略的。若只是一直去找寻适合的交易模式、指标、技术分析理论或交易系统，而忽略了自己性格与心理上的缺点，最终还是无法解决亏损的问题——该出手时不敢出手，就算有再好的操作方法与交易系统，也只会让一次次赚钱的机会从指缝中溜走。

我见过许多投资者，上过十几种培训课程，用过几十种交易软件或者指标，天天写日记反省自己的操作过程，在日记中反复记录着要坚决止损、要对自己有信心、要持续努力等警语，其用功的程度让人感动，但是从没有对自己个性上的缺点进行深刻的认知，最后让这些培训课程、理财书籍与交易软件都变成了安慰剂，只对自己暗示"都这么努力了，应该有所收获吧"。要知道股市投资可不是那种"没有功劳也有苦劳"的市场，而是一个成王败寇，讲求绩效的市场，如果不能把自己的心结解决了，前述的努力对于实质的交易，可以说是一点帮助都没有，而且还浪费了宝贵的时间与金钱。

要彻底解决这方面的问题，就必须先了解影响交易心态的问题牵涉到的三个因素：

一是行情走势。

每个人适合操作的盘态常常是不同的，前文曾经提到，某些人在某一段走势怎么做就怎么顺手，可是经过了一段时间后，开始出现不如之前顺手的情况，这时候常常会归咎为运气。其实是市场的节奏变了，之前的顺手是因为刚好符合自己的操作节奏，也就是合拍，之后市场的盘态变了，但还是用原来的操作模式，当然就会出现不合拍的情况，也就是操作不顺手了，这跟运气无关。例如，在盘整盘时，习惯做波段的投资者，就容易追在反弹或是冲高的高点，该卖的时候还在等着更高的波段卖点；如果出现了单边市场的波段行情，这时候习惯快进快出的投资者就可能卖在起涨点，错失了整个波段的大利润。

这一影响因素解决的方法有两种：一是找到一个能适应各种盘态的交易方法或系统、理论，坚定不移地照着做；二是总结出自己每次盈利的盘态或者交易的股票，也就是不熟的不做，看不懂的不做。这两种方法就能克服此一影响因素。由于这三种因素会相互纠缠，这里所说的只是针对这一因素单独解决的方案。

二是所使用的交易指标或方法。

要看自己是否已经深刻了解方法或指标使用的前提，方法用错了地方，再怎么反省也是白搭。这就要求先能判断出盘态，盘整盘时就用摆荡指标，单边市场时就该使用趋势指标。

以上这两点都属于技术层面，但是若不先把这两个影响因素固定下来，也就是前述的不把技术层面的东西搞懂了，就去谈心态，最后会乱成一团麻，不知道是自己性格上的问题，还是自己的技术功底不够好，操作没有正确的依据而造成亏损。

三是自己本身个性的特质。

我深信，天生我材必有用，天不生无用之物。每个人平时的一言一行，对整体社会都可能有非常大的影响，千万不要妄自菲薄。所谓天不生无用之物，意思就是能让各位看到的，绝对是可用的，主要在于会不会用。每个人都有其独特的思维模式，各种方法也都有其道理，不能说谁对谁错，只能说赢家的心理状态更加适合各种盘态与行情走势而已，赢家的操作方法更能在市场盈利而已，这才是我们要学习的。说得更深入点，赢家的心态与操作纪律往往是违反基本人性的，例如，行情在大家最疯狂的时候，一般都是顶部，想成为赢家，就要能够独立思考，排除从众心理。要知道人是群居动物，从众心理也是人的基本天性，但是在每次行情的底部与顶部，所需要的不只是冷静地判断行情，更需要"虽千万人吾往矣"的勇气与智慧，坚决地遵守操作纪律卖出股票。

就是因为操作成功与否与这三个因素相互关联，所以大多数的新手如果没有参透这些关联性，任你每天反省，四处拜师，每天盯着K线图形看十几个小时，也都是枉然。

因此交易的心理就必须从几个方向去解决：一是通过专业的心理分析去了解自己人性上的弱点，进而了解自己是保守型的投资者，还是投机型的投资者，抑或冒险激进的敢死队型；二是把自己容易犯错的盘态或者行情走势找出来，反复地练习，直到一看到自己容易犯错的行情走势时立刻能警觉，不再犯错。当然，这些自我的反省工夫都要建立在拥有一套固定的操作模式或者适合自己的指标或交易系统的基础上，先确立了自己的操作手法，进出有据了，知道了现阶段市场属于何种盘态，再进一步去分析自身的弱点，最后总结出来，只做自己熟悉的或者说自己顺手的那一种盘态，其他时间就干脆不做。我见过市场的许多操盘高手，其实他们花在等待上的时间绝对多于进场操作的时间，否则怎么会说赢家多是好的猎人呢？赢家就是善于等待，等待的就是自己熟悉、胜率最高的盘态与行情。

"炒股其实是炒心态"，这句话的前提应该是先有了好的行情走势分析技术与操作方法之后，才能讨论的，否则还是缘木求鱼，无法找到问题的解决方案。所以,可以先找出自己的性格特征:若是保守、喜欢低接不敢追高的投资者,指标就应该使用摆荡指标,利用三重滤网的概念去观察月线、周线、日线信号都到了超卖的阶段再出手;若是知道自己有赌性,又敢于追涨杀跌,那就去看趋势指标,例如均线系统中的突破模式。不论是找指标、交易策略,还是找交易系统与理论,先把自己的个性搞清楚,然后学习适合自己个性的方法。在投资金融市场前,应该对自身的个性作一初步的了解与认识,这样才能取自己所需,不致找了些不适合自己的一些交易模式,最终可能不是理论或交易系统不好,而是因为不适合自己而影响了操作的纪律,也影响了获利的能力与效益。

  要在跌宕起伏的股市中稳定获利,勇于推翻自己的假设与预判是很重要的,也就是不做多头也不做空头,应该随着盘面走势做滑头。我们都是冲浪者,应该顺势而为,只要发现跟自己预判的情况有异,宁可做错了也要坚决跟随自己警觉的市场可能走势作出相应的调整。这里所提到的预判与前面所说的预测术必须予以厘清:一般投资者所找的神奇预测术,多是侧重于预测的准确性,要求达到明天说涨就涨说跌就跌的那种境界;但是预判是完全不同的,对明天盘态与可能的走势作出大致的预判是绝对做得到的,最大的差别在于预判完走势后,要想出各种可能走势的应变之方。这就像是天气预报一样。可能在全世界的预测行业中,最常遭人嘲笑乃至讥讽的就属天气预报了,虽然说天有不测风云,但各国的气象预报还是需要的,假设预报明天可能下雨,那出门时带把伞总是好的,若是不下雨,天气预报失灵了,也没多大妨碍,若是下雨了呢?所以预判是必需的,但只是搞些预测却又没有相应的应对方法是没有意义的。这就像许多国人喜欢打卦一样,打出一卦后,说得神神道道的,但又不知道该如何解卦,那干脆别自己吓自己或者妖言惑众了。任何一卦都有其相对应解决的方案,若只是会打卦解释卦象,不知如何应对,那就真是迷信了。同理,不管预判后面的走势是涨是跌,先把止损止盈点位找出来,如果后市跌破某一关键的止损止盈点位,就立刻出场;若是后面还持续上涨,肯定还会出现适合的买点,到时候再追进;紧接着准备好在何处加仓或是在哪一高位附近适量地减低仓位,先获利一部分出来。如此不断地进出都有着明确、固定的依据与套路,那就不用管他明天怎么走,最多只是在盘中随着盘势变化作出修正便可以了。这就像拳法一样,基本的招式固定了,任对手如何出拳袭击,皆能应对自如、从容不迫,虽慢一拍,也能达到后发先至、招招进逼的境界。

顺道提及的就是很多人在研究的所谓的"变盘点":一张K线图中,纵轴是价位,还有成交量,横轴是时间。时间当然很重要,但如果只是一味地去寻找变盘点,也就是某一时点走势将会如何如何,这就有点走火入魔了——请记住影响我们的是股价而不是时间!除非以后有更快的期权商品或者股指期货出来,否则时间对现阶段的股市而言意义不大。

既然K线图有价位、成交量、时间这三个变量,三者当然会相互影响。简单地说,一个急涨的轧空上涨盘当然比慢慢盘坚的走势来得快,上升斜率也来得陡,时间当然就短,成交量一般在这种走势中也会放大,如果只用所谓的黄金分割法去预测时间的变盘点,是否会过于牵强了呢?最大的问题在于,就算知道了变盘点,是否想过该怎么应对呢?该怎么下单呢?如果变盘点时间到了,盘势却没有变，又该如何应对呢？这就是预测与预判的差异所在。

中国的教育体系总是以分数来衡量一名学生的学习成效，造成许多人读书与看待事物错误的观念，都想要考满分，都不容许自己犯一点点错误。其实在改进自己操作方法的道路上，或是在追求自己不懂的知识时，不应该害怕自己犯错，而是应该以找到自己犯错的地方与找到自己犯错的原因为乐才对。不要事事要求一百分的完美，而应该以希望能通过考试找出自己还有哪里不足的地方去补强的心态看待考试分数。以止损为例，大多数人都不愿意面对止损这一课题，都想找到永不止损的方法。我一再强调，尤其对那些要求自我几近苛求的投资者来讲，在投资理财的道路上，合理、有依据的止损应该是投资理财的一部分，而且还是一个非常重要的部分。既然世间难寻百战百胜、永远不败的操作方法，何不退而求其次，找一个可以有所依据的进出市场的法则，只要能保持长期、稳定地获利，在交易过程中偶尔的止损是可以接受也必须接受的事情。在刚入行时，我也犯过这样的错误，总是在寻找那不可求的"圣杯"，每当放弃了止损这条铁律，去使用所谓的不败神话式的操盘术时，最后都会遭遇惨痛的教训。与其如此，还不如老老实实地接受投资理财方法中的"止损是必需的"这个事实。

改变对于所有人来讲都是不舒服的，随着年龄的增长，要作出改变更为困难。人在幼儿期与青春期已经累积了许多成功与失败的经验，这些造就了每个人应对每件事情的习惯，等到成年后，想要作一些根本上的改变是难上加难，"江山易改，本性难移"，就是这道理。可是，既然进入了投资理财的领域，这些改变可能是很难避免的，不如就把这些改变看成是"活到老，学到老"吧。

人有非常大的潜能，只是大都被习惯或是以往的经验困住了发挥的可能性。这一现象常见于商业界。生意场上成功的商人，一种是毫无学历的，一种是就算有较高的学历，但在求学过程中不受羁绊的调皮学生。原因就在这里，两者之共同点就在于不受既有的框架所束缚。在任何一个时代，想要开创一番事业，都需要有独到的眼光与顽强的努力。独到的眼光来自于无拘无束的思维模式，顽强的努力来自于说服自我后不计成败的傻劲，这都需要持续地与昨日的我作激烈的斗争，需要有在努力的过程中能时时做到即建即破，再破再建，乃至大破大建的勇气，把人生中最难的课题"改变"当成是家常便饭、习以为常。所以想要在金融投资市场中持续稳定获利，必须忘掉过往。这不只是忘记过去的战绩，还要忘了进场的价位，时时以当下最有利的作为依据，日日检讨自己的操作法则。若还是做不到这一点，那就只好退而求其次，去寻找一个适合自己的方法，最终只要达到稳定获利，自己能够遵循的，都是好方法。

　　佛法应该可以说是最佳的心理学。以最基本的佛教教义而言，人之痛苦来自于贪、嗔、痴、慢、疑，即佛教所言的"五毒"。简单地说，这"五毒"就是贪婪、生气、痴迷、自傲、猜疑。若要找出这五毒的重点，就在于一个字"贪"。一般人身上都能找到这些人性的缺点，或者更直白地说，这些就是人性中属于"阴"的部分（人性也能分为"阴"的一面与"阳"的一面）。在股票市场中，这"五毒"更是时时可见。在生活中，这些人性的缺点可能还能隐藏得很好，不容易被人和被自己发现，但是一到了股市，人性的这些缺点，可说是表露无疑，有时连自己都惊讶地发现原来自己还有这么阴暗的一面。所以股市还真是参透人性及修行的好道场，任何人性的缺点在这市场中都无所隐藏。

若想要在股票市场稳定获利,就心态而言,首先就要克服"五毒"。其实"五毒"总结到最后就是一个"贪"字,要克服心态上的毛病,就是要克服一个"贪"字。在头部不愿意卖出筹码,期待行情可以继续上涨,就是一个"贪"字;该止损时不愿意止损,希望能以更高价可以卖出,也是一个"贪"字;底部出现攻击信号,不敢追买在起涨点,其实就是害怕再次破底遭遇损失,还是来自于一个"贪"字。每次交易亏损的心态,都跑不出"五毒"的范围:冲动,任意下单;因贪婪造成犹豫不定,错失出手的良机,本来想要买入,但是当价位接近时,又开始犹豫是否会再下跌,赶紧撤单;没买到最低点或卖到最高点,就生气不愿意交易,即使看着趋势与自己研判的走势一致,也不愿意去追买或是追卖。

既然用佛法来解释股市操作心态的缺点,那就该用佛法的对治方法来解决这一问题。对治这"五毒"毛病的方子就是佛法所说的"戒、定、慧",若是以股市、期货等金融投资理财当作例子,就是要以正确的操作理论、交易法则或交易系统为依据,坚持操作纪律,严守进出市场的戒律,让心态保持稳定,生出赢家的智慧。这就是对治贪念的最好的心法。持戒是为了让散漫无拘的心有所依循,但戒律应该从理字出发,先懂得其中的道理,持戒就会容易些——先从行为与操作纪律上守些规矩,进而去实战,到了某一层次后,这些戒律会变成自己的一部分,产生"本来就该如此"的感觉。那时候就可以达到一个"定"的状态,智慧也由此产生。要知道佛家或道家戒律的产生,一开始都是从已得正果的菩萨、罗汉或得道者身上总结出来的一些规律;同样的,在股市里若是知道了一些可以依循的戒律，这些戒律也一定是从许多赢家的交易经验中总结而得，所以必有其应该遵守的道理。当把所有的应对方案都准备好了后，随着盘面出现的信号，用所准备的方案应变操作，保持正面思考的良好心态——有不尽如人意的情况发生时，也要将亏损、止损当作是交易的一部分，坦然面对。由于知道自己每次亏损只是占总交易资金的2%~3%，也就无须太过在意一两次的止损。若是做对了趋势，就用趋势止盈的方式跟随趋势，直到趋势发生反转时才抛掉筹码，永远知道当下在赌些什么，拿多少本钱当作风险成本，又准备要赚取多少利润，永远保持头脑清楚，就没有什么需要担心和害怕的情况了。这也就达到了尽人事、听天命，随遇而安的境界，投资理财将成为一辈子的休闲活动——既可在股市赚到钱，又可以天天关注时事，与世界的经济发展联系在一起。这才是投资的最大乐趣所在。

  贪念不是错事，人类社会的进步动力就在于满足所生的贪念。人类不断产生的更高需求推动着人类社会的进化，进化出来的结果是好是坏，是否让人心更安定，这暂且不论，但会使社会制度更完善，生活品质得到提高那是毋庸置疑的。每个人每天追寻着向上的动力也是来自于贪念，由于有了贪念才驱使人们起早贪黑地努力工作，挣钱改善生活。有贪念无可厚非，重点在于一个"度"的问题，若是贪念让自己迷失在茫茫股海，既伤身又赚不到钱，那就该去管理这一贪念，所以才需要强调自律性与操作纪律的重要性。贪念犹如一匹无缰野马，若是能用自律又一致性的操作纪律作为这匹野马的缰绳，那就能自在地驰骋于股市之中。当对行情惊慌失措时，唯有稳定且一致性的操作方法与纪律可以让投资者安心，情绪安定了才能理智地分析、研判行情，作出适当的应对措施，才能安稳度过一些需要立即处理的行情走势，不至于使亏损扩大或是错失赚取波段利润的机会。

股市的起伏走势图其实就是所有投资者心理图象的总和，所有投资者集体的研判和各自的反馈行为，卖出或者买入股票的行为，表现在整体盘面的变化上。所以，从知己知彼的角度来看，也该好好研究一下交易者的心态。

要了解交易者的心态就必须先从了解自己开始，先知道自己容易在哪种趋势盘态下失去理智、盲目下单，知道自己在什么样的趋势盘态下容易心灰意冷、失去警觉而丧失果断的出手机会，从这些方面就能知道为什么股市的走势总会让多数人亏钱，也就因此了解每一种走势图迷惑人心的原因所在，进而去找出解决的方法。每个人的学习过程都是这样：一开始什么都不知道，连自己缺少什么都茫然无知，经过连续亏损的教训后，便进而开始寻找自己的交易盲点，并试着找出解决的方法，最后就是要确切地去执行"改变"，把过去的错误改正过来。如果已经知道了自己的缺点也找到了改善的方法，还是不知悔改，那任凭学了再多的技术也是无助于交易的。

在此章的最后，想以如何使用交易系统的心态作一总结。

坊间已经有许多讨论机械式交易法的书籍，这些书籍也多次提及使用的交易系统与机械式交易法。使用者该有的心态，简单地说就是一个"傻"字，就是要照章操作，不要有那么多的小聪明。一个交易系统就像一台车子一样，从设计到可以出厂销售，已经经过了千万次的测试与各种方面的考量，驾驶员只要好好照着驾驶规章开车就行了，至于对车子的发动机进行深入了解，那也只是增强使用者的信心而已。选购与使用一款汽车，首先是看这台车子的性能与操控感；使用交易系统前也是一样，选择时要看该交易系统或操作方法显示的性能是否能适合自己的个性与操作绩效。当车子真的开上路了，就老老实实地驾驶；使用交易系统也是如此，不需要使用者再花太多精力进行研判，只要交易系统出现信号就照着做。无论是选择哪一种股票理论还是交易系统与法则作为依据，重点在于事前的验证，而不是在盘中使用时的怀疑，这种怀疑不仅无助于交易法则或系统的更加准确，还会影响操作绩效。既然是已经验证过的方法与交易系统，就应该坚决地执行，否则就别用。再好的交易系统，如果使用者不能按照所设计的理念确实执行交易系统的信号，都是没用的，这就像一台好的跑车，驾驶员不好好驾驶就没法显示出该跑车的优越性能。总归一句话：对交易系统使用者而言，应该做到疑者不用，用者不疑，才能把交易系统使用好。

结束语

从最早将N字理论的定义整理出来，到把N字理论引进内地，再到开发N字学习套件与N字交易系统，这一路过来，走得很傻，只知道一路往前冲，只是希望N字理论能够造福更多股民，只是希望不辜负恩师李进财教授开创的这么好的一个技术分析理论。一路走来虽也是风风雨雨，多少辛酸不足与外人道，但收获最多的还是自己。教学过程中学员让我受益良多，这才了解"教学相长"的真正含义。为师者越不藏私，其实收获越大。学员们尖锐的问题时时能刺激我整理出更多更好的思路。虽说是学员，其实我都当作是哥们，因此我也结交了一群志同道合的好朋友，这是意外的收获。

　　当初开发N字学习套件也是凭借着一股傻劲，就是因为"不信邪"三个字，窃思这样逻辑性强的理论，没有理由不能用计算机编程手段实现，就一头扎进去开发。虽然开发的过程非常艰难，但是从中对N字理论有了更深的体悟，对N字理论的绝妙，也有了更深一步的了解，每当攻克一个难关时，那种喜悦只有走过开发这条路的人才能体会。N字学习套件开发完成后，受到一些前辈的鼓励，这些前辈包括和讯公司马总与台湾奇狐资讯股份有限公司的范总等，继续开发了N字交易系统，真正将N字理论通过计算机编程手段有机地应用于实战检验中，其取得的成效，早就超越了开发之初的设想。如果在此之前有人说有套交易系统能达到自我适应各种盘态，没有参数，还能有风险利润比与资金管控联动的效果，我一定当作是在吹牛，但是越开发越觉得，一切皆有可能，真的有一个好的交易系统可以为投资者服务。

从事金融投资20多年来，在看过无数技术分析理论指标以及交易法则或系统之后，我开发的N字交易系统仍会让自己感动与震惊，这应该是我的投资生涯中的一个里程碑吧。但是在这基础之上，我还是谨记着N字理论过前高，必须步步为营、持续上攻的思路，还是需要天天向上，抱着"苟日新，日日新，又日新"的精神持续完善该交易系统。

路还很长。

最后，对N字理论有兴趣的读者，必须说几句当作本书的结语：

N字理论学得好，确实能赚到钱，而且还能享受看盘与投资的乐趣。你们一定会有跟我一样的感受，觉得看盘就如同在看一场自己看过的电影一样，盘面走势是如此的和谐优美，如同一篇动听的乐章，又可以验证自己分析与下单的结果，那才是自己的、谁也偷不走的技术。这些都在学习过N字理论的学员身上体现出来。如果N字理论没学好，我所看到的结果就是他会成为一位非常出色的解盘高手，写出来的解盘文章几乎无懈可击，但是对于实战的帮助就有限。原因很简单，因为N字理论跟中国传统的五行理论一样，属于一种圆的逻辑系统，也就是看起来怎么解释都对。任何盘态、任何走势都可以在收盘后完美地演绎出来，就像五行理论，金、水、木、火、土五个基本元素，随便你去怎么类化为万物，再加上相生相克的关系，任何的江湖术士都能把一些事情解释得有点味道，但是事后验证就真是看图说故事了。可是五行理论如果用得好，确实能解释所有的现象，这是属于宇宙大原理的一部分，但起真正的价值最终要看使用者是否真的体会了其中奥妙。同理，N字理论也有这种现象，所以N字理论的使用方法重在综合研判，怎么综合研判才是是否能掌握好这一理论的根本。为了让初学者更快地进入综合研判的领域，我引进了美国人的三重滤网概念与分析思路，也就是从大到小的概念，先从月线开始分析，然后再看周线，最后再对日线作出判断，甚至在分线找精准的买卖点。这是一种逻辑分析的思路，顺着这种思路才能知道大的周期，处在什么位阶、什么样的盘态，中期的行情走势又是怎样的处境，日线级别该怎样服从大周期力道的延续。另一个分析思路就是从小周期至大周期，怎么样才能从日线级别找出扭转大周期级别趋势的力量。这就像是运用中医学里面十二经络、五行理论或者八纲辩证的分析方法一样，也就是先抓住主要矛盾，再下手去解决次要矛盾，唯有如此，才不会只见树不见林，挂一漏万，在股市里天天盯着盘赚3~5个点，迷失在日线或是分线格局中。要知道大周期与小周期不只是相互制约的，更是相互协同的关系，是有生有克的双重交替作用的关系，分线图中空头的一点错误，可能就会引发多头反扑和攻击。"防微杜渐"也是非常重要的控盘技术。在金融市场中，趋势一旦发动，纵使倾全国之力，不管是政策还是实际的资金，都很难挽救或改变一个既成的趋势——去看看各种或各国金融市场每次的熊市或者牛市时，各国政府的干预力量能发挥多少扭转趋势的作用？最多也不过是起些减缓作用而已，一段短暂的时期过后，趋势照样朝着原来的方向前进。但是一个趋势的形成就是从最细微的分线图开始发动的，因此古人常说"防微杜渐"，就是这意思。

　　学习任何技术分析理论后，在应用于实际分析时，都必须掌握三重滤网的概念。学习N字理论也是如此，分析出来后再配合上风险利润比的概念，才能让自己的心态稳定。千万别把N字理论当作是预测的圣杯。许多投资者都在花费大量的精力去寻找必胜的神奇预测术，那可以当作一个努力不懈的目标与理想，但是不能把这种目标与理想当作是现阶段必须实现的工作。再次强调，我所推广的N字理论，是一套以不变的方法应万变盘态的理论，重要的是应变的方式，规划也只是应变前的一种准备工作。兵法所云的"多算多胜，少算少胜"才是真理，兵法让将领在战前做好各方的评估与准备，可没让将领去算最后谁能胜出。N字理论也是让投资者在盘前先知道各种可能性，然后总结出应对明日盘态的各种方式，这才是我们该做的事情。每天妄想着能预知明天盘怎么走的，最后都变成神经病了，有这种念想的人，也难怪容易被有心人所骗，"福祸无门，唯人自招"，贪念当然会引来骗子。由于我最早在内地推广N字理论，因此必须对N字理论传播开后的一些弊端先讲出来，免得被匪人所误用，拿来当作骗取无知群众的工具，那我的罪过就大了。尤其是学习金融投资的理论，将来应用于实战中，拿的可是各位真金白银的血汗钱，如果只学会一招半式，或者对N字理论与其交易依据都只是一知半解，那看看就好，最好别用。

　　当初引进N字理论到内地的初衷在于帮助更多的投资者远离迷惘与痛苦，享受投资的乐趣，但是林子大了，什么鸟都有，所以先提出这些将来可能发生或现在已经发生的一些问题，就当作是我对大众的一种忠告吧。

附 录

N字理论的学习方式与定义表

　　N字理论的定义先提及了量能，也就是从量丛推导出相对巨量与相对巨量的使用时机；接下来就是从最基础的K线定义，诸如"日出日落"、"出头出尾"与"末升低点"、"末跌高点"，进而画出高低折线，由高低折线，就能找出何处有N字与倒N字；再从N字与倒N字推导出"一饱二吐"的量测目标，并利用这量测目标去观察K线力道，进而由K线力道看出现在所处的盘态。N字理论中也提及了几种常见、好用的特殊盘态（就是所谓的"操盘定式"），最后是综合研判与实战，以N字理论的逻辑推理思路讲解几种N字理论低买或者追高的战法。

　　一般的N字理论课程应该包含以下几个单元与定义。

一、量

学习目标：

1. 厘清基本的量能法则。

2. 介绍几种实用有效的量能观察法。

a. 量能原则：破译价涨量增、价跌量缩等价量的迷惑，建立正确的量价概念。

b. 量丛：交易密集区的定义。

c. 相对巨量：由相对巨量找出关键棒线。

d. 相对巨量的三日法则：提前确定相对巨量棒线攻击的持续性与有效性。

e. 一日实盘：由量能与K线配合看出头部、底部、反转形态。

f. 助涨量与量滚量：加强起涨攻击量能的综合研判能力。

二、K线定义篇

学习目标：

先介绍各种基本定义，继而带出最小攻击形态N字与其相关应用。

a. 虚拟K棒。

b. 正反转与负反转。

c. 出头落尾。

d. 高低折线。

e. N字与"一饱二吐"的定义（实过、虚过与实破、虚破）。

f. 轧空低点与杀多高点。

g. 末升、末跌。

h. 复合 N 字与倒 N 字。

i. 缺口。

三、测量法则

学习目标：

1. 通过下列各种测量法则，观察 K 线攻击与回调的力道，进而研判是持续走势还是反转走势。

2. 经由下列各种测量法则，预先算出风险与利润比，作为进场与否的依据。

a. 一饱二吐。

b. 缩小浪，等浪或扩大浪。

c. 箱型理论。

d. 六分法。

四、K 线盘态与形态篇

学习目标：

1. 由小的形态进而扩大为盘态的讲解，学会观察 K 线力道的变化原理。

2. 通过观察预备 K 线与过关棒线，及早得知是否为"骗线"行为。

3. 将量能法则与盘态作进一步讲解，使盘态的逻辑概念更为清晰。

    a. 六大盘态：基本的六大盘态。

    b. K线RSI：由K线攻击力道判断为何种盘态。

    c. 异常：盘态异常时的因应之道。

    d. 六分法：盘整盘走势与行进间力道的测量法则。

    e. 一止跌、二突破（转折低点与转折高点，颈线低点与颈线高点）：多空与空多交替的盘态。

    f. 预备K线：由形态完成前的征兆，提早预判形态突破与跌破后的走势。

    g. 真假突破与跌破（突破与跌破时的棒线）：提早判断出是否为"骗线"的方法，介绍"主控棒线"的概念。

    h. 正背离与负背离：突破与跌破时的一种反转走势。

    i. 天蚕变：常见的多空交替盘态。

    j. 等浪盘整盘：常见的一种盘整形态。

    k. 盘态与量能：将量能与盘态结合，更贴近各种实战盘态的状况。

五、实战与进出点总整理

整理出几种常见的买卖点与盘态规划方法与步骤，一是为了进一步说明综合研判的法则，二是让无法融会贯通者至少能有模板可依循，只做看得懂的市场。

    a. 行进间换手。

b. 一止跌、二突破，拉回找买点；一止涨、二跌破，回抽找卖点。

c. 箱顶突破找买点，箱底跌破找卖点。

d. 负背离（多头抵抗）找买点，正背离（空头抵抗）找卖点。

以上只是 N 字理论有关 K 线课程的一部分，除此之外，N 字理论还应该有波浪理论课程与盘口语言的课程。

学习 N 字理论常见的问题

问题 1. N 字理论适合中国股市吗？

N 字理论由我于 2004 年正式引入中国市场，不论是 2005 年年中开始的大牛市抄底，还是 2008 年年初的逃顶，皆得到了惊人的成果，国内学过的学员从没抱怨过，这在国内股票培训市场中已属少见。

问题 2. 学过 N 字理论后，会有什么收获？

用学习过 N 字理论的学员的话来说，第一个感觉是"终于知道之前为什么在股市会赔钱了"，接下来的感叹就是"相见恨晚，怎么没早点接触学习 N 字理论"。

学员已开始了解赢家心态，享受着理性投资的乐趣，看着盘态的走势如同看戏一般的自然。

再重拾以往的股票书籍或别人的股市教材，绝对能找出其理论的适用处，享受着点评其他理论的乐趣。

经过我的演绎，N字理论已提升到人生哲学处世的高度，学会了N字理论，甚至可用于业务预估报告、个人财富的走势预测等方面，是一套足以传与子孙的宝贵理论。

问题3．N字理论可用于猎庄（看破主力动向）吗？

台湾的李进财教授原来是数学系教授，二十多年前，接受台湾主力庄家委托，设计庄家"养套杀"的进货、出货数学模型，并由此开始进入操盘界。N字理论起源于此，因此任何的庄家主力动向，皆无法遁形于N字理论的法眼。

问题4．N字理论与以前所学的其他理论有何关系？

指标都是来自于K线，N字理论属于最基本的K线理论，所以学会了N字理论，所有的指标都能一目了然，课程中还有一招破解所有指标的秘技。

N字是最小攻击形态，所以可以解释所有的K线理论，不论是单根K线、两根K线、三根K线，还是K线形态（头肩底、头肩底、W底、M头），都能用N字理论解释。

坊间的波浪理论总被人批评为事后诸葛亮，如何将波浪理论应用于实战，只有N字理论可以解决此一问题。

5．N字理论学习前是否需要具备什么基础？

只要能看懂K线图就可以。

经众多学员学习 N 次理论后，总结有两种人学习效果最好：一是没有学过其他理论者，一张白纸，反而容易接受 N 字理论；二是已经能赚钱了，但还是觉得有所缺憾，不够稳定者。最怕的就是无法先放下以前所学的错误概念，那样学习效果最差。所以学习者最好先放下自己以前所学的，等学完 N 字理论后，再回头整理以前学习过的理论。

般若波罗蜜多心经

观自在菩萨．行深般若波罗蜜多时．照见五蕴皆空．度一切苦厄．舍利子．色不异空．空不异色．色即是空．空即是色．受想行识．亦复如是．舍利子．是诸法空相．不生不灭．不垢不净．不增不减．是故空中无色．无受想行识．无眼耳鼻舌身意．无色声香味触法．无眼界．乃至无意识界．无无明．亦无无明尽．乃至无老死．亦无老死尽．无苦集灭道．无智亦无得．以无所得故．菩提萨埵．依般若波罗蜜多故．心无挂碍．无挂碍故．无有恐怖．远离颠倒梦想．究竟涅槃．三世诸佛．依般若波罗蜜多故．得阿耨多罗三藐三菩提．故知般若波罗蜜多．是大神咒．是大明咒．是无上咒．是无等等咒．能除一切苦．真实不虚．故说般若波罗蜜多咒．即说咒曰．揭谛揭谛．波罗揭谛．波罗僧揭谛．菩提萨婆诃．

世纪承元邮购目录

外汇/证券投资系列

序号	书目	定价（元）
	老郭投资系列	
1	看盘快速入门 I （老郭 著）	28.00
2	看盘快速入门 II （老郭 著）	36.00
3	看盘快速入门 III （老郭 著）	39.80
4	看盘快速入门 IV （老郭 著）	39.80
5	看盘快速入门 V （老郭 著）	39.80
6	价量技术分析（老郭 著）	38.00
7	看图炒股（老郭 著）	45.00
8	超级短线1（老郭 著）	39.80
	铁手投资系列	
9	K线操练大全1——K线形态操练（铁手 著）	45.00
10	K线操练大全2——关键K线操练（铁手 著）	39.80
11	K线操练大全3——组合K线操练（上卷）（铁手 著）	39.80
12	K线操练大全4——组合K线操练（下卷）（铁手 著）	39.80
13	N字操盘法[（台湾）孟弘熹 著]	45.00
14	技术分析指标详解[（台湾）孟弘熹 著]	28.00
15	战胜庄家（金浩 编著）	36.00
16	股票分析软件用法详解（李昊 著）	45.00
17	高胜算操盘[（美国）Marcel Link 著]	48.00
18	短线狙击手[（美国）George Angell 著]	36.00
19	精明交易者[（美国）Perry J. Kaufman 著]	45.00
20	盘口解读技术[（美国）华丁·格列佛，克利斯多夫·舒马赫 著]	38.00
21	趋势跟踪（修订版）[（美国）迈克尔·卡沃尔 著]	45.00
22	股票成交量操作策略[（美国）唐纳德·卡西迪 著]	48.00
23	选对时机买对股[（美国）拉瑞·威廉姆斯 著]	38.00
24	机械交易系统[（美国）理查德·L·威斯曼 著]	38.00
25	天才机械操盘术（朱淋靖 著）	38.00
26	技术交易短训教程[（美国）佩里·J·考夫曼 著]	68.00

27	完美的日内交易商（Ⅱ）[（美国）杰克·伯恩斯坦 著]	45.00
28	新巴菲特法则[（美国）玛丽·巴菲特　大卫·克拉克 著]	39.00
29	高级技术分析[（美国）布鲁斯·巴布科克 著]	68.00
30	驾驭交易[（美国）约翰·F·卡特 著]	68.00
31	外汇市场技术分析[（美国）鲍里斯·斯克斯伯格 著]	38.00
32	外汇市场即日交易[（美国）凯茜·莲恩 著]	45.00
33	外汇买卖技巧与实例（叶志坚 编著）	28.00
34	外汇市场技术分析（修订版）（陈展鹏 著）	35.00
35	基金投资入门（郭光锦 编著）	26.00
36	跟我学炒股（修订版）（王晖 编著）	25.00
37	股市策略论（修订版）（李建新 编著）	25.00
38	高级波段交易[（美国）约翰·凯恩 著]	48.00
39	帝纳波利点位交易法[（美国）乔尔·帝纳波利 著]	68.00
40	看盘高手（鲁正轩 著）	38.00
41	涨跌停板的奥秘（鲁正轩 著）	26.00
42	散户傻瓜书（修订版）（文峰　杨劲 主编）	28.00
43	寻找伟大的企业（翟敬勇 著）	48.00
44	新编彩票投注技巧（修订版）	25.00

会计系列

轻松学会计丛书

45	① 如何看懂会计报表（修订版）	25.00
46	② 轻松做出纳	18.00
47	③ 轻松做会计	20.00
48	④ 轻松查账	20.00
49	⑤ 轻松纳税与避税	25.00
50	⑥ 轻松做财务主管	22.00
51	⑦ 轻松记账、查账与调账	26.00
52	⑧ 手把手教你做账	20.00
53	⑨ 轻松做会计核算	20.00
54	⑩ 轻松做外贸会计（修订版）	45.00
55	⑪ 轻松做房地产会计	25.00
56	⑫ 轻松做酒店会计	25.00
57	⑬ 轻松做成本会计	25.00

58	⑭ 轻松做零售会计	25.00
59	⑮ 轻松做税务会计	25.00
60	⑯ 非财务人员财务知识手册	25.00
61	⑰ 轻松做物流企业会计	25.00
62	⑱ 轻松做行政事业单位会计	28.00
63	新编出纳入门（修订版）	23.00
64	新编会计入门	22.00
65	新编纳税入门	25.00
66	会计文案撰写模式大全	25.00
67	新编企业财务管理制度精选	25.00
68	最新税收优惠政策理解与运用	85.00
69	新会计准则与涉税处理技巧（上、下卷）	98.00
70	发票管理300问	22.00
71	国际贸易业务与结算操作（修订版）	48.00

会计入门超级培训丛书

72	① 会计入门基础知识（修订版）	23.00
73	② 会计入门实账操练（修订版）	23.00
74	③ 会计入门真账模仿（修订版）	23.00

财会新手速成培训丛书

75	① 做账新手一本通	29.80
76	② 会计新手一本通	29.80
77	③ 出纳新手一本通	29.80

生产/管理系列

78	本田的品质管理与制造（酒井辉昌 著）	45.00
79	六西格玛黑带丛书（上、下卷）（修订版）	130.00
80	MINITAB：六西格玛解决方案（上、下卷）	78.00
81	服务业六西格玛实战	38.00

现场改善书系

82	① 实验设计速学活用法（第五版）	78.00
83	② 现场改善实务	38.00

3A企管

84	① 5S活动推行实务（第二版）	33.00
85	② 现场管理实务（第二版）	36.00

86	③ 品质管理实务（第二版）	36.00
87	④ 产品创新实务	28.00
88	⑤ TPM 活动推行实务	35.00
89	⑥ TPM 实战	36.00
90	⑦ 精益生产方式 JIT	36.00
91	⑧ 6S 活动实战	36.00
92	⑨ 卓越班组长——基础篇	19.00
93	⑩ 卓越班组长——实战篇	19.00
94	⑪ 卓越班组长——领导力篇	19.00
95	⑫ TPM 与工厂全面改善	25.00
96	⑬ 解决问题的哲学	45.00
97	单元生产方式	38.00
98	新编 ISO9001 标准理解与应用	48.00
99	新编 ISO9001 质量体系文件大全	48.00
100	新编 ISO14001 标准理解与应用	48.00
101	新编 ISO14001 环境体系文件大全	48.00
102	ISO9001：2008 标准理解与认证实务	60.00

新工厂管理

103	① 如何推行 6S/7S	22.00
104	② 企业管理方法和工具精选	22.00
105	③ 如何成长为优秀班组长（修订版）	25.00
106	④ 新品管手法	22.00
107	⑤ 业务员完全手册	22.00
108	⑥ SPC 实战	22.00
109	⑦ 六西格玛入门	22.00
110	⑧ QCC 推行实务	22.00
111	⑨ 优秀外贸跟单员	25.00
112	⑩ 优秀生产跟单员	25.00
113	⑪ TPM 入门	20.00
114	⑫ 精益生产入门	20.00
115	⑬ IE 入门	20.00
116	⑭ 田口方法	20.00
117	⑮ 防错法推行实务	20.00

酒店系列

	新博亚酒店丛书			新博亚酒店一线员工丛书	
118	① 酒店餐饮管理实务（修订版）	35.00	①	前台接待员工作手册	10.00
119	② 酒店客房管理实务（修订版）	32.00	②	预订员工作手册	10.00
120	③ 酒店公关实务	32.00	③	接线员工作手册	10.00
121	④ 酒店酒水服务与管理	32.00	④	商务中心文员工作手册	10.00
122	⑤ 酒店服务与管理案例分析（修订版）	35.00	⑤	行李生工作手册	10.00
123	⑥ 酒店前厅管理实务（修订版）	35.00	⑥	中餐服务员工作手册	10.00
124	⑦ 酒店礼仪	35.00	⑦	西餐服务员工作手册	10.00
125	⑧ 酒店培训管理实务	38.00	⑧	宴会服务员工作手册	10.00
126	⑨ 酒店英语口语	28.00	⑨	酒吧服务员工作手册	10.00
127	⑩ 酒店经营管理	29.00	⑩	收银员工作手册	10.00
128	⑪ 酒店人力资源管理实务（修订版）	29.80	⑪	客房服务员工作手册	10.00
129	⑫ 酒店营销实务	30.00	⑫	洗衣员工作手册	10.00
130	⑬ 酒店财务管理实务	28.00	⑬	厨房管事员工作手册	10.00
131	⑭ 酒店服务标准和表格精选	48.00	⑭	公卫清洁员工作手册	10.00
132	⑮ 酒店管理实例与问答	48.00	⑮	保安员工作手册	10.00
133	⑯ 酒店应用文写作	28.00			
134	⑰ 餐厅经营管理300问（修订版）	35.00			
135	⑱ 酒店英语900句（配光盘）	23.00			
136	如何开一家赚钱的餐饮店	38.00			

邮购图书，按定价汇款，**免邮费**。

通信地址：广州市越秀中路125号大院八号（邮编：510055）

单　　位：广东经济出版社读者服务有限公司

账　　号：4400 1400 9100 5008 5172

开户银行：建行广州市德政路支行

客服热线：020-8380 1011　8380 3689　8382 9903（传真）（上班时间）

QQ：348946275　　983295363

官方博客：http：//blog.eastmoney.com/laoguo321

E-mail：JJ9903@163.com

网　　址：www.jj1234.com

北京和讯软件N字交易系统广州销售点
广东经济出版社读者服务有限公司

功能特点

捕捉趋势——快速找到N形攻击波，
　　　　　第一时间提示进场！
智能测量——智能精确测量最佳买卖点，
　　　　　智能提示买卖操作！
资金管控——利润风险比与资金管控，
　　　　　三者完美的联动组合！

办公地址：广州市越秀中路125号大院八号
客服热线：020-83801011　83803689
传　　真：020-83829903